13歳からの日本外交

それって、関係あるの!?

孫崎 享
（元外務省国際情報局長）

かもがわ出版

13歳からの日本外交―それって、関係あるの!? もくじ

装　丁　上野かおる
イラスト　出口　敦史

序　章

13歳に「日本外交」を学んで欲しい理由

13歳の生徒が日本外交を論議するのは決して早すぎることはありません。藤井聡太さんは中学時代、知的ゲームの将棋で、第一人者羽生善治氏等を破って朝日杯で優勝しました。

運動分野では、若い選手が世界一の座を獲得できるのを幾つかの分野で示しています。

１９７６年、モントリオールオリンピックで、ルーマニアのコマネチが、14歳で個人総合金メダルを取りました。日本選手でも、１９９２年バルセロナオリンピックで14歳の岩崎恭子さんが２００メートル平泳ぎで金メダルを獲得しました。

ただ、私達は、知的な分野では、中学生が世界一や日本一になることはないであろうと思ってきました。２０１７年この考えを覆す出来事がありました。将棋の世界での藤井聡太さんの活躍です。

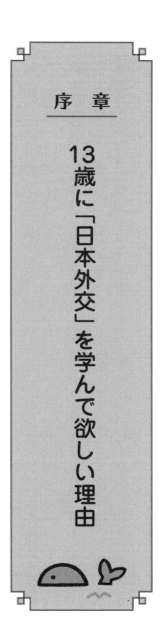

棋士は最も頭脳を使って勝負する職業とみなされています。かつて将棋の米長邦雄名人が「兄達は頭が悪いから東大へ行った。自分は頭が良いから将棋指しになった」と言ったという冗談がありますが、三人の兄が東大に行き、彼らは子供の頃、米長邦雄氏に将棋で負けたといわれていますので、米長邦雄氏が「自分の方が頭が良かった」というのは根拠がない訳ではありません。いずれにせよ、この将棋の世界に藤井聡太さんが登場したのです。勝率や連勝記録も凄いのですが、全棋士参加の朝日杯で、佐藤天彦名人やこの時期第一人者とみなされていた羽生善治氏等を撃破して優勝しました。中学3年の棋士がトップ棋士の一人になったのです。

突然、藤井聡太さんの話をして、びっくりされた人も多いと思いますが、藤井聡太さんの例は、中学生でも知的分野で、必要な訓練を重ねていけば、トップに行けることを示しました。

13歳の方が、社会科学の難しい本を読むことはあまりないと思います。また友達同士で議論することもないでしょう。機会がないことで、中学生や高校生の方々にとって社会科学が遠い存在になっていると思います。しかし、それは慣れです。真剣に向き合えば、中学生や高校生の方々にとっても将棋と同じ世界が開かれると思います。

■何故藤井聡太さんは一流の棋士を負かすまでに強くなったのでしょうか。

藤井聡太さんが強くなった理由には、少なくとも①詰将棋と②一流棋士の考えの吸収と③ＡＩの利用があります。

冗談に聞こえますが、将来人類にとって最大の脅威はＡＩかもしれません。ＡＩが将棋や囲碁のトップを破りましたが、**最高レベルのＡＩは、人間の思考の延長線上で思考しているのではありません。**ＡＩにルールは示しますが、最先端のＡＩは思考を試行錯誤で重ねて、自らが考え、今多くの分野で人類の上にいっています。人類は最高レベルのＡＩがどう考えているか正確に判らない段階に来ているのです。

スティーヴン・ホーキングはイギリスの理論物理学者でした。ホーキングはケンブリッジ大学院に入学した春に筋萎縮性側索硬化症を発症し、余命２、３年と告げられ、「どの道、死ぬ定めなら、多少は善いことをしたい」と研究を続けました。彼の発言をまとめた『ホーキング　未来を拓く１０１の言葉』という本がありますが、次の警告をしています。

「これまで人間は幾度となく戦争をしてきた。今現在も続いている。

原因は領土問題であったり、思想の違いであったり、民族の違いであったり、敵味方に区分され、敵となったものは、排除されていく。

社会のヒエラルキーにおいてもその区分は、暗に秘めて存在するだろう。

これら全ては人間の本質が作り出したものだ。

このような本質を持った私達人間が生み出すＡＩもまた同じ本質を持っているだろう。

ＡＩの頭脳が成長していけば、人間と同じような考えを持ち、**その時、人間は邪魔者であり、敵になる。**」

考えてみると人間というのは実に勝手な動物です。自分の利益になるのを「益虫」といい、害になるのを「害虫」と呼び、後者を殺すことに何の躊躇もしません。こうした心理は、国家を含めた人間社会全体にもあって、自分の利益に合致する人を「仲間」（国レベルでは「同盟」）と位置づけ、利益に反する人を「敵」と位置付けます。

この本では「外交」を扱います。「外交」はまさに、ホーキングが述べた様に「原因は領土問題であったり、思想の違いであったり、民族の違いであったり、敵味方に区分され、敵となったものは、排除されていく」分野とみなされています。ただ、ホーキングが「敵味方に区分され、敵となったものは、排除されていく」人間の生き方に疑問を持つように、私も外交を従来の様に「敵味方に区分され、敵となったものは、排除されていく」分野であるべきでないと思います。この本では、外交関係においてどうしたら「協力」「共存」を重要課題としてとらえられるかに言及したいと思っています。

ＳＦの世界を離れ、藤井聡太さんに戻りましょう。

詰将棋は結局のところ、様々な選択肢を想定し、その最善が実現するかどうかの訓練です。藤井聡太さんは小学校低学年の時、大阪の関西棋院に通います。この時、お母さんがノートに将棋の問題を書いて、赤鉛筆でマルバツをつけてあげていました。詰将棋が主体でしたが、第一人者羽生善治氏の棋譜の中から「羽生善治氏が次の一手で何を選んだか」という問題もありました。つまり、藤井聡太さんは小学校低学年の時に、将棋の第一人者の考えを吸収していたのです。

私は、外交官として様々な職業の人々に接してきました。どの道に進むにしろ、その道の第一人者の考えに接することが非常に重要と思っています。

細川護熙氏は１９９３年８月から１９９４年４月まで首相でした。私は、細川氏は「対米自立」を主張し、米国に嫌われ、首相を辞めざるを得なくなった人と位置づけています。彼は政界を引退した後、湯河原に引きこもり、書や陶芸をされていました。日本橋の古美術店「壺中居」で毎年個展をされています。彼が、書で、中国の黄檗山断際禅師を評価する「其言簡、其理直、其道峻、其行孤」を書いているのを見て、日本社会は彼が目指す生き方を理解していなかったと痛感しました。彼の陶芸作品を見ると、「これは本当に細川護熙氏が作ったのだろうか、代々細川家伝来の陶器を展示しているのではないか」と思う位なのです。「陶芸の最高作品とは何か」に子供の頃から慣れ親しみ、それが彼の作品につながっていると思います。

ピアニスト、内田光子さんには若い頃、モスクワで会いました。お父さんが駐オーストリア大使でした。内田光子さんは幼少の頃ウィーンで最高級のクラッシックを聞いておられたと思います。

「一流」が判ればそれを目指せばいい。しかし、自分の道の一流の人達の考えに親しむことなく、活動している人がとても多いと思います。でもそれではその道で秀でることはないと思います。勿論「一流」は何も今「一流」とされているものや自分の分野だけを意味しません。ピカソはアフリカの面を評価しました。

20世紀、西欧で最も知られた日本人は誰だったでしょうか。藤田嗣治はその一人です。日本画の線の魅力を西欧画に持ち込みました。ただ西欧画の流れの研究は当然しています。藤田氏はおかっぱの髪です。自身が髪型について「パリの貧しい時に自分で切った。過去の苦学時代を忘れぬための反省の印」と書いています。藤田の特徴は自画像が多いことにあります。その彼が貧しかったから自分で切ったなごりということだけで、同じ髪型を続けているでしょうか。美術評論家・布施英利氏はルーブル美術館の古代頭部像におかっぱがあることを紹介し「ルーブル美術館の彫刻を見て、おかっぱの髪型の普遍性というものを感じていたに違いない」と書いています。布施氏自身もおかっぱなのでこの説に自信を持っていると思います。藤田嗣治はルーブル美術館で様々な一流と出会っています。勿論当時パリにいたモディリアーニ、スーティン、パスキン、ピカソ、キスリングらと交友を結んでいます。

この本では、外交という分野で出来るだけ、「一流」とみられる人々の考えを紹介したいと思います。そして出来るだけ、自分で考えていただくための材料を提供したいと思います。

■社会科学で「一流」に接するにはどうしたらいいでしょうか。

世界の「一流」の人に直接話を聞くということはまずありません。ではどうしたらいいでしょうか。一番いいのは読書です。

私は、「一流」と接するという意味で、キッシンジャーの『核兵器と外交政策』とスパイ小説のジョン・ル・カレ著『寒い国から来たスパイ』は是非読んで欲しいと思います。ただキッシンジャーの『核兵器と外交政策』は、日本語訳が良くなく、準備なしに読んでも理解は難しいと思います。外交と関係ありませんが、カズオ・イシグロの『わたしを離さないで』やカミュの『ペスト』やジョージ・オーウェルの『１９８４年』は読んで欲しい本です。外交を含む政治の理解は、結局、人間社会の理解が大前提です。トランプ大統領が出て、米国社会の民主主義が崩壊するのでないかと懸念されています。このような中、２０１７年アマゾンの小説部門販売のトップはオーウェルの『１９８４年』です。凄いと思いませんか。米国の知的層は現代を理解するのに1949年に書かれた『1984年』を開いたのです。

国際政治の入門書（と言っても易しくありませんが）として最適なのはジョセフ・ナイ著『国際紛争』でしょう。ナイはハーバード大学教授です。私も1985年、彼の授業を聞きました。第1回目の授業の冒頭が「アメリカは何故広島・長崎に原爆を投下したか」です。道徳的に非難されるべき米国の行動をどう説明するのか、学生は食い入るように聞いていました。ナイは様々のランキングで常に「米国で最も影響力のある人物」「世界の思想家」のトップグループにいます。『国際紛争』はハーバード大学での講義を基礎としたものです。ハーバード大学は全米大学ランキングで常に1位、2位、3位にいます。

『国際紛争』を読むことは、その看板教授の講義を聞くようなものです。『国際紛争』の魅力は、各項目の解説の後、例えば、「ペロポネス戦争（アテネとスパルタとの間に発生した古代ギリシア戦争）は不可避であったのか。もしそうなら、何故、そして、いつそうなったのか？　もし不可能でなかったら、どのようにして、そしていつ防ぎえたか」等、自分で考える手引きをしていることです。欧米の一流大学の特徴は自分で考えることを求めます。そしてそれを助けます。

私はル・カレ著『寒い国から来たスパイ』を紹介しましたが、欧米のスパイ小説は、単なる空想の世界ではありません。設定舞台は極めて現実に近いのです。『寒い国から来たスパイ』は「全体のために必要とあれば、個人の犠牲も正当化される」ことをテーマにしています。ル・カレが『寒い国から来たスパイ』を書いた1963年は冷戦真っ最中で、国際社会の最先端で活躍するスパイ達も「全体のため」の論理が正しいことを前提としています。つまり、情報機関は全体のために、個々のスパイの命を犠牲にしてもよいという時代です。

ジョン・ル・カレはその後様々な作品を書いていますが、『ナイロビの蜂』（２００１年）は13歳の皆さんが読んでも難しくはなく、これから読み始めることを勧めます。『ナイロビの蜂』では、主人公の英国外交官の妻が、製薬会社がアフリカで新薬の効果を見るため人体実験を行っている事実を突き止めようとしていた中で、殺害されます。主人公が、誰が妻を殺したかを追求します。その中で製薬会社と英国外務省が協力関係にあることを見つけます。

ル・カレの『寒い国から来たスパイ』は１９６３年の作品です。『ナイロビの蜂』は２００１年の作品です。その後、ル・カレは『われらが背きし者』を２０１０年に書いています。『寒い国から来たスパイ』と、『ナイロビの蜂』や『われらが背きし者』の間には大きな違いがあります。ル・カレの作品ではどれもこれも個人が大きい組織に翻弄される悲劇を扱っています。ですが、『寒い国から来たスパイ』では「全体」の論理にはそれなりの正当性があるとみているようです。だから全体のために翻弄される個人の悲劇が強調されます。だが、『ナイロビの蜂』や『われらが背きし者』になると、英国外務省や英国情報機関の論理を悪と位置づけ、「戦うべき相手」となっているのです。

ここが問題です。冷戦中、西側の外交官は共産主義と戦う正義のために行動するという大義がありました。だが冷戦が消滅すると何が大義になるでしょう。自国や政治家個人の利害が最優先という事態が出ます。

２０１８年9月26日ＡＦＰは「マクロン仏大統領は25日、国連総会で演説し、トランプ米大統領の地球規模の課題に対する姿勢を批判するとともに、各国首脳に〝最も強い者のおきて〟による問題解決を拒むよう訴えた」と報じました。西側のリーダー米国の大統領に対して、西側の有力者、仏大統領が国連という公式の場で、「〝最も強い者のおきて〟に従うな」と呼びかけたのです。

ドイツ外務省は2018年11月7日マース・ドイツ外相が「米国は欧州域外の最も重要なパートナーの一国であり続けることに変わりはないが、その関係を再検討する必要がある」と述べたことを発表しました。米国の国際条約撤退や制裁関税などの措置に対し、欧州結束が唯一の打開策だと強調しています。

日本はどういう選択をしたらいいのでしょうか。「アメリカ・ファースト」を優先する国家との絶対的同盟が国益に適うことになるのでしょうか。

■藤井聡太さんについて将棋ファンの言葉

私はある講演会で藤井聡太さんが凄いと話しました。講演の合間に同じ意見の聴衆者と雑談しました。その人からメールをいただきました。

「藤井聡太君の話。いやあ、孫崎さんと藤井君の話をできるとは思っていませんでした。私にとって藤井聡太君の登場は、世の中一切を含めて、「希望」でした。

藤井聡太君が29連勝したとき（竜王戦予選、スポンサー読売新聞）、読売新聞の大盤解説場にいました。そして、「次の一手問題」に正解し、藤井君の顔写真とサインが入ったクリアファイルを賞品にもらいました。（まわりからうらやましがられました）

藤井君は、「将棋をもっともっと強くなりたい。もっと強くなったら別の景色が見えると思う」と言いました。これを聞いた時、藤井聡太君の才能はすごい！　という話だけでなく「今、将棋界で一番努力しているのは藤井聡太君だ」と思いました。そうした努力が、感動を呼んでいるのだと思いました。それが言葉に現れているのだと。

藤井君は小学5年生の時、「今関心があること」について、「原発と尖閣問題」と書いています。またつい最近、関心があることについての質問で「米朝会談です」と答えています。

さて、若い世代の皆さん、「私の関心は〝原発と尖閣問題〟」と言えますか。「米朝会談です」と言えますか。言えないとしたら何故でしょう。ここに実は日本社会の深刻な問題を孕んでいます。

一つだけ付記しますと、2012年頃、海城中学1年生が私にインタビューに来ました。彼は課題研究に尖閣問題を選びました。「何故私の所に来たのですか」と問うたら、「先生の『日本の国境問題』が私の考えに最も近いと思ったからです」という答えが来ました。

羽生善治氏の戦略論を見てみたいと思います。囲碁もまた戦略論の宝庫です。

外交という分野は、本来的には、知恵と知恵の戦いです。

勿論外交や軍事を行う人が知力に優れているという訳ではありません。特に力の強い国は優位に立っていますから、必ずしも知力に優れている必要はありません。しかし弱い方が知力で劣れば、ひとたまりもなくやっつけられます。日本は周りがロシア、中国、距離は離れていますが米国が隣国としています。本来は知性を重視しなければならない国です。でも、歴史を見ると必ずしもそうではありません。

徳川幕府時代は長く続くにつれて「殿様は馬鹿でいいんだ」という時代になります。幕末に活躍した英国外交官アーネスト・サトウは著書『一外交官の見た明治維新』で「日本の諸侯は馬鹿だが、わざわざ馬鹿になる様に教育されてきた」と書いています。海部首相が誕生したとき、実力者小沢一郎は、「神輿《みこし》は軽くて、パーがいい」と述べたと言われていますが、日本は指導者に知的に優れた人を求めない伝統が延々と続いています。

何故なのでしょう。いずれにせよ殿様の集団から老中など政権の中枢を占める人々がでます。まともに対処できる人々が揃っているはずがありません。外国の圧力で一気に開国、不平等条約に持っていかれました。

明治に入ってひたすら富国強兵に行きますが、強国の米国、英国と対峙するようになると、これも、戦争に引きずり込まれます。これは欧州の軍事情勢と密接に関連しています。

1939年9月、ドイツがポーランドに侵攻し、英仏はドイツに宣戦布告します。その後ドイツは英国を空爆します。英国が生き延びるためには米国の参戦が必要です。しかし、米国は「中立法」を持っていて、参戦できません。でも、もし、三国同盟のドイツか日本が最初に米国を攻撃すれば米国民は参戦を支持します。別の言葉で言えば、日本やドイツに先に戦争するように持って行けばいいのです。まさに当時の米国はその考えの下、日本を誘導していきました。スティムソン陸軍長官は「当面の問題は、われわれがあまり大きな危険にさらされることなしに、いかにして、日本側に最初の攻撃の火蓋を切らせるような立場に追い込むか、ということだった」と述べています。日本軍の上層部に、米国の目論見を見破っていた人はいません。日本は米国の術策にはまり、真珠湾攻撃を行い、結局自滅します。

これら二つは、今日、日本外交史を語る時、時々言及されます。次は、私達の時代に大きく関係することなのですが、ほとんど言及されていません。

第二次大戦後、世界で予測しないことが起こりました。敗戦国日本が世界第2の経済大国になりました。日本車の輸出で米国の自動車産業ビッグ・スリーは苦境に陥ります。米国の鉄鋼業は衰退します。三菱地所がニューヨークの象徴的建物、ロックフェラー・センターを買います。ソニーが映画会社コロンビアを買収します。米国内で「如何に日本経済に対峙するか、或いは潰すか」が真剣に考慮されました。でも日本には真剣な警戒心はありませんでした。

ではどうしたら日本企業を潰せるか。先ず、日本が輸出出来ないようにすればいい。それには日本の輸出製品を高くすればいい。それで1985年9月プラザ合意ができます。1ドルが241円70銭でしたが、1年後140円になりました。約40％の円高です。この時の大蔵大臣は宮澤喜一氏です。米国通政治家と言われていましたが、20％程度と踏んでいます。米国を甘く見ていました。これは対米輸出を難しくしただけではありませんでした。円はアジアの通貨に対しても40％の割高になります。日本製はアジア諸国への輸出が難しくなります。それで日本企業は工場をアジア諸国に移します。日本国内に工業の空洞化が起こります。かつてトヨタの幹部が「わが社は世界企業として生き残る。しかし、(日本国内に工場があるかは判らず)日本の労働者に職があるかは判らない」と私に話したことがありますが、そのような事態です。

米国の攻撃は日本の工業だけではありませんでした。1980年代日本の強みは輸出産業だけではなく、銀行もそうでした。世界の金融機関ベスト10というランキングがあります。1990年の時点で、日本の銀行は何行ベスト10（総資産ベース）に入っていたでしょうか。何と7行です。第一勧業銀行が1位です。2位が三菱銀行で、後、住友銀行、太陽神戸三井銀行と1位から6位まで日本の銀行が続きます。凄い状況です。

でも2018年には、世界の10行の中に三菱UFJフィナンシャルグループが1行入っているだけです。どうして日本の銀行は競争力を失ったのでしょうか。極めて専門的ですが、日本が競争力を失った重大局面ですので、我慢して見て下さい。

1988年国際決済銀行が銀行の自己資本比率に関する規制を決めました。総リスク資産に対して自己資本比率8％を持ちなさいと決めました。「もし、自己資本比率8％を持たない銀行があるなら、国際業務から撤退して下さい」と決めたのです。日本の企業倒産はそんなに起こりません。したがって日本の銀行が貸し出しする際に、自己資本の比率が低かったのです。その中で、日本の銀行に自己資本比率を高めろと迫ってきました。

貸し出しに対して自己資本を高めるには二つの方法があります。一つは貸し出し額を減らすことです。日本の銀行の貸し渋り、貸し剥がしが起こります。当然企業の活動は停滞します。企業の活動が揺るげば、貸し出しは不良債権になります。今一つは、自己資本を増やすことです。銀行は新たな株式を発行します。急に大量の新規需要がきます。株式に回るお金が一定であるとすると、新規の銀行株式を購入するため、既存の株式が値下がりします。そうしますと銀行が持っている株式の評価が下がり、自己資金を下げる結果になります。こうして、日本の銀行は「負のスパイラル」に入りました。

以上日本の外交史の中で、日本が大きい敗北を招いた例をあげました。

日本は比較的大国です。しかし超大国ではありません。日本が超大国と対立した時に、超大国は日本をやっつける手段を講じます。残念ながら多くの場合、日本国内でこうした手段に危機感を持つ人が存在していないのです。

もう少し「物を考える」ことについて考えてみたいと思います。羽生善治氏に戻ります。羽生善治は近年最も傑出した棋士です。彼の本には、『大局観』『決断力』『直観力』『将棋から学んできたこと—これからの道を歩く君へ』等があります。『大局観』は２０１１年に出版された本ですが、私は今でも時々、見ます。生き方に参考になるものが多いのです。

・勝ちに不思議の勝ちあり。負けに不思議の負けなし。

・「読み」とは、ロジカルに考えて判断を積み上げ、戦略を見つける作業である。将棋では自分がこう指すと相手がああ指す、そこで自分はこう指すと、次の手、またその次の手を追って考えていくことで結果の可能性を探る。

・リスクをとらないことが最大のリスクだと思っている。

・「大局観」とは具体的に、全体を見渡す、上空から眺めてどうなっているかを見ることである。例えば道に迷った時、空からその地形を見て、右に行けばいいとか、左に行けば近いとか、また、この道を行けば行き止まりだとかを瞬時に把握することだ。

羽生氏の言葉の中で私が最も気に入っている言葉は、「リスクをとらないことが最大のリスクだと思っている」という言葉です。藤井聡太さんに人気があるのは、年が若いことだけでなく、「リスクをとる」棋風にあると思っています。「リスクをとる」ことが成功するには人一倍の努力が必要です。

そんなことを考えている時、２０１８年10月京都大学の本庶佑特別教授（76）がノーベル医学生理学賞を受賞という報道に出合いました。この時時事通信が「一生を懸けるなら、リスクが高くてもやりたいことをやるべきだ」や「誰も見向きもしない石ころを磨き上げ、ダイヤモンドに仕上げていく。混沌とした状態の中から立ち上げるところに、大きな魅力を感じる」という言葉の紹介をしました。

羽生氏が深い洞察力を持った方であることは何ら疑問ありません。しかし、藤井聡太さんは朝日杯の準決勝でこの羽生氏を破り、優勝したのです。藤井聡太さんは将棋という土俵で思索をする点では第一級の棋士であることを示したのです。

羽生氏の著作で考える一つの手本を示しましたが、思索をするのに役立つという点では囲碁も同じです。囲碁では、中国の古典に『囲碁十訣』（唐代・王積薪の作）があります。ここには、私達の日常の生活でも応用できる英知が詰まっています。

貪不得勝（むさぼれば、勝ちを得ず）、
入界緩宜（界―相手の勢力圏―に入っては、穏やかなるべし）、
攻彼顧我（彼を攻めるに、我を顧みよ）、
棄子争先（子―少数の石―を棄てて、先を争え）、
捨小就大（小を捨てて、大に就け）、
逢危須棄（危うきに逢えば、すべからく棄てるべし）
慎勿軽速（慎みて軽速なるなかれ）、
動須相応（動けば、すべからく相応ずべし）、

彼強自保（彼強ければ、自ら保て）。

漢文や、文語調で書かれているので、一寸、解りづらいのですが、含蓄のある言葉です。「むさぼれば、勝ちを得ず」は「欲張りすぎると結局負ける」という事ですし、「小を捨てて、大に就け」は「自分達の人生で何が重大なことか見極めることが大切」です。「危うきに逢えば、すべからく棄てるべし」は、何らかの失敗をした時には、こだわることなく「他に目を向ける」能力が極めて重要ということです。

「日米関係は自分に関係ないから」という方は一寸待ってください。実はこの問題を真剣に考える事は、貴方方の生活環境に大きい影響を与えるのです。

最近、若い人の多くは、論争を呼ぶような問題を話し合うことを避ける傾向が強くなりました。象徴的なのは大学構内の立て看板です。入学式後の東大駒場に行ったことがあります。スポーツや音楽のサークルのカラー写真入りの案内が並んでいます。青春を謳歌するのでしょう。１９６０年代、私が大学に入った時には汚い、殴り書きの政治的呼びかけの立て看板でした。見苦しいと言われてもしようがない代物です。しかし学生達は日本政治がこれでいいかと真剣に問いかけていました。

２０１８年2月14日米フロリダ州パークランドの高校で銃の乱射事件があり、17人が死亡しました。「政府は銃規制をしない、議会は銃規制をしない」と、高校生達が、3月24日「私達の命のための行進」をしました。全米で大変な関心を呼び、２０１８年トニー賞授与式でこの高校の演劇部が「シーズンズ・オブ・ラブ」の Five hundred twenty-five thousand Six hundred minutes, How do you measure a year? How about love? Remember a year in the life of friends, Remember the loveを歌いあげ、感動を呼びました。

日本には、そういう事件はないと言われるかもしれません。しかし福島原発事故で最も悲惨な将来を持つ可能性があるのは小学生や、中学生や高校生です。放射線で甲状腺癌の可能性が高いのが、若い人々です。実際そのような事態を招きましたが、中学生や高校生は何故自分の声を発信しないのでしょうか。幼すぎることはないはずです。

外交、安全保障の問題も若い人と無関係ではありません。この問題にどう反応しますか。例えば、「(集団的自衛権の容認で、自衛隊員が海外の戦闘地域に出かけ、死の危険に遭遇することの是非で)自分は自衛隊にいくつもりはない。だから自衛隊が海外に行こうが自分には関係がない。安全保障の問題はやりたい人にまかせておけばいい。私はそういう難しい問題を考えたくない」という見解はよく聞きます。本当に関係ないのでしょうか。考えてみましょう。

日本には米軍が存在します。それは日米安保条約によるものですが、具体的に米軍基地の在り様を決めたのは日米地位協定です。この協定で、日本は、米軍の駐留経費の何%を負担することになっていると思われますか。100%、75%、50%、25%、0%のいずれでしょうか。多くの人は75%とか50%といいます。でも実際は、合衆国軍隊の維持に伴うすべての経費については「日本側に負担をかけないで合衆国が負担する」となっていて、0%なのです。(「日米地位協定」第24条1 日本国に合衆国軍隊を維持することに伴うすべての経費は合衆国が負担することが合意される、ただし駐留の基地が民間人所有でこれへの補償は日本政府が行うことになっています)。

何故こんなことになっているのでしょう。例えば、横須賀に米海軍がいます。横須賀を守るためにいるのでしょうか。横須賀にいる海軍は太平洋、インド洋、時にペルシア湾を守ります。同じ様に米海軍は長崎県佐世保にいます。これも長崎を守るためにいるのでしょうか。米国は、本来、米国の世界戦略のために日本に基地を持つ。だから、「日本側に負担をかけないで合衆国が負担する」となっているのです。

２０１６年11月16日付読売新聞は、米国軍隊を受け入れている国が、米軍のために支出している額は、「日本７６１２億円、韓国１０１２億円、ドイツ１８７６億円、イタリア４４０億円、英国２８６億円、サウジ64億円」と報じました。村田良平元外務次官は「ドイツは米軍駐留経費の20％、他方日本は80％負担」と記述しています。仮に日本の支払いをドイツ並みにしたとしましょうか。その際には５９３６億円浮きます。

社民党副党首の福島瑞穂・参院議員が２０１６年2月、ツイッターでこうつぶやきました。「大学無償化のためにかかるお金は国公立大学で四一六八億円（内訳は国立大学三三一五億円、公立大学八五三億円）、私立大学で二兆六八〇八億円。全大学合計で三兆九七六億円です。文部科学省高等教育局高等企画課が、二〇一四年度の大学授業料と入学金、学生数をもとに試算」。福島瑞穂氏は別の数字も出しています。「小中学校の給食の無償化は４２２７億円で出来る」。

どうでしょうか。「日本が支払う米軍経費負担をドイツ並みにする」ことが出来るとしましょうか。その時、「国公立大学の無償化に使おう」「小中学校の給食無償化に使おう」という選択ができます。それでも「米軍基地の在り様の様な安全保障問題は私と関係ない」という立場を取られますか。

国家や政治家は本当に国家のため、国の安全に必要なことを考えて行動するでしょうか。アイゼンハワー大統領（当時）の警告を見てみたいと思います。残念ながら米国はこの警告を無視してきました。

もし貴方が「国家や政治家は、必ずしも国家や国民のために活動する訳ではない」と発言したとしましょうか。貴方はすかさず、「偏向した見解の持ち主」というレッテルを張られます。そこで、一人の米国の政治家、アイゼンハワー大統領（当時）の発言を見てみたいと思います。

アイゼンハワーは第二次大戦中連合国軍最高司令官で、連合国軍側の勝利に導いたノルマンディー上陸作戦を指揮しています。１９５３年から１９６１年米国の大統領で、米国国民から極めて高い信頼を得た大統領です。彼が大統領を去る時１９６１年1月17日離任演説を行いました。私達が外交や安全保障政策を考える時の貴重な指針です。次に紹介します。

・危機は存在し続けるでしょう。危機に対応する、華々しい、金を掛けた行動がすべての困難を奇跡的に解決すると感ずる誘惑に繰り返し駆られるものです。国防の新たな要素に巨大な増強を行う事等が、我々が歩もうとする道の唯一の方法として提案されるでしょう。しかしそれぞれの提案はより広い視野から評価されなければなりません。つまり、国家の諸計画間のバランス、コストと期待される利益のバランス、明白に必要なものとあればいいかなというものとのバランスを保つ必要性の考察です。

・最後の世界戦争までアメリカは軍事産業を持っていませんでした。アメリカの鋤の製造者は、必要なら刀を作ることができました。しかし私たちは巨大な規模の恒常的な軍事産業を創設せざるを得ませんでした。350万人の男女が防衛部門に直接雇用されています。私たちは、毎年、アメリカの全会社の純収入よりも多くを軍事に費やします。

・私たちの労苦、資源、日々の暮らし、これらすべてが防衛部門と関わります。私たちの社会構造そのものです。

・それが意図されたものであろうとなかろうと、誤って与えられた権力の出現がもたらすかも知れない悲劇の可能性は存在し、また存在し続けるでしょう。

・我々は政府の決定機関において、軍事・産業複合体による不当な影響力の獲得に警戒しなければなりません。警戒心を持ち見識のある市民のみが、巨大な軍産マシーンを平和的な手段と目的に合わせるように強いることができるのです。

・この世界は小さくなりつつありますが、恐怖と憎悪の社会ではなく、相互信頼と尊敬の誇るべき同盟にならなければならないのです。最も弱い立場の者が、道徳的、経済的、軍事的な力によって守られた我々と同等の自信を持って話し合いのテーブルにつかなければなりません。このような同盟は対等な国々の同盟でなければなりません。最も弱い者が我々と同等の自信を持って話し合いのテーブルにこなければなりません。

・私達は意見の相違を、武力ではなく、知性と慎み深い目的でもって静める方法を学ばなければなりません。

アイゼンハワー大統領は「誤って与えられた権力の出現がもたらすかも知れない悲劇の可能性」と述べています。それは米国が自分の選択で戦争に入ることへの警告だったと思います。米国はその後、ベトナム戦争やイラク戦争、アフガニスタン戦争と常に戦争の中にいます。警告が現実のものとして、継続しているのです。残念ながら米国ではアイゼンハワーが危惧した通り、「戦争をすることに利益を得る層」が、米国を支配しているのです。

私達の文明は、優れた思想に出合うだけでは解決しません。「優れた思想を破る勢力に何があるか」を考えなければなりません。

第一章

日本外交の環境

1、「複合的相互依存」とは

日本外交を決める国際的環境を考えてみたいと思います。

■①今日の私達の生活は外国との関係が極めて密接になっています。

現代の特徴は国と国、人と人との結びつきが驚く程密接になっているのです。

先ず、主な資源の海外依存度を見てみます（次頁）。

こうした数字を念頭に一日をざっと振り返ってみて下さい。学校へ行くのに身支度を整えます。下着

鉄鉱石	100%
石炭	100%
原油	99.7%
LNG	97.8%
羊毛	100%
綿花	100%
衣類	97.3%
とうもろこし	100%
えび	92%
大豆	93%
小麦	87%
魚介類	46%
肉類	45%
木材	70.4%

輸入先　衣類、中国69.9%、ベトナム 10.4%、バングラデシュ 4.7%

（注；出典：http://jpmac.or.jp/img/relation/pdf/pdf-p23-24.pdf）

や洋服を身に着けます。素材が綿であれ、ポリエステルであれ、羊毛であれ、ほぼ１００％輸入に依存しています。

　貴方の靴がナイキやアディダスかもしれません。ナイキは米国企業で、アディダスはドイツ企業です。しかし製品は大抵、中国やベトナムで作っています。

道に出ればアスファルトです。原油の依存は１００％です。走る車の車体の鉄板の原料、鉄鉱石も１００％輸入、ガソリンを作る原油も１００％輸入です。

昼食にパンを食べるとします。原料の小麦は87％輸入に依存しています。

夜パソコンでゲームを楽しむとします。パソコンの基本ソフトはマイクロソフト社ウィンドウズやアップル社のマックを使用しています。グーグルで検索し、友達との連絡にツイッターやフェイスブックやインスタグラムを使用するでしょう。これらは米国の技術を利用します。

私達は、大変な相互依存の社会で暮らしているのです。

②互いに協力を強化することによって戦争を避ける考え方が第二次大戦以降出てきたのです。代表的なのはドイツ・フランス関係です。

皆さんは第一次世界大戦と第二次世界大戦でドイツとフランスが戦ったことを知っていると思います。下に、両者の戦死者を紹介します。考えてみて下さい。こうした犠牲を払ってまで、戦わなければならない理由があったでしょうか。

二度の世界大戦を通じて多くの犠牲者を出したドイツとフランスは二度と戦争しないことを真剣に考えました。「互いに憎しみ合う」社会から**「国民が協力することの利益を判る」社会を作ることを真剣に考えたのです。**

戦争はしばしば資源の争奪を目的に戦われます。欧州では石炭の生産地がその対象でした。さらに戦争するには武器が必要です。鉄は武器に必要な資源です。フランスとドイツはこの二つの資源を共同管理することにしました。1951年欧州石炭鉄鋼共同体が設立されました。協力が様々な分野に拡大され、それが欧州連合に発展しました。

今日、世界の誰もが、ドイツとフランスは戦争するとは思ってい

第一次世界大戦

ドイツ	2,050,897
フランス	1,397,800

第二次世界大戦

	軍人	民間人	合計
ドイツ	4,300,000 ～5,500,000	1,500,000 ～3,500,000	7,000,000 ～9,000,000
フランス	200,000	350,000	550,000

ません。それは、ドイツ、フランスが意図的に、戦争に行かないシステムを作り上げたからなのです。

③これまで述べて来たことを国際政治の専門用語で〝複合的相互依存〟と呼びます。専門用語を使われると入りにくいのですが、概念自体は難しくないのです。

ジョセフ・ナイ著『国際紛争　理論と歴史』はジョセフ・ナイ氏がハーバード大学で行った授業を元にしています。その解説を見てみましょう。

リアリズム（現実主義）には、三つの基本的前提があるが、このすべてを逆にすればどんな世界が生じるのだろうか？

三つの前提とは、国家が唯一の重要な主体であること、軍事力が優越的な手段であること、そして安全保障が重要な目標であること、であった。

これをすべて逆にしてみると、異なる世界政治の姿を組み立てることができる。

⑴国家は唯一の重要な主体ではない。

⑵軍事力は、唯一の重要な政策手段ではない。経済操作と国家制度の利用が優越的な手段となる。

⑶安全保障は主要な目標ではなくなる。福祉（注、健康、幸福、繁栄等）が主要な目標となる。

このような世界を〝複合的相互依存〟と呼ぶことができる。

「リアリズム(R)から複合的相互依存(F)に至る分布の図解」（注、若干修正）

R ↔ F

・イスラエル対シリア　・アメリカ対中国　・アメリカ対カナダ

・インド対パキスタン　・フランス対ドイツ

「リアリズム」とか「複合的相互依存」とかいう耳慣れない言葉が出る書物には拒否反応が出ます。でも使う言葉が耳慣れないだけです。概念自体は簡単に理解できます。

私達は外交と言うと「国家」「軍事」「安全保障」を中心に考えますが、「国家の枠を超えた組織（例えばＥＵ）」、「非軍事（経済、福祉等）」の世界が見えてきます。

■④『レクサスとオリーブの木』

私達は「リアリズム」と「複合的相互依存」という、一見難しそうな問題も、その実、特別難しいことを述べているのではないことを見てきました。この問題を、別の形で説明した本に、トーマス・フリードマン著『レクサスとオリーブの木』があります。「レクサス」はトヨタの最高級車です。この「レクサス」と「オリーブの木」で現代国際政治を説こうというのです。著者トーマス・フリードマンは１９５３年生まれの米国人記者です。彼の主張を見てみます。

・今日の世界情勢は、インターネットのウェブ・サイトのように新しいものと、ヨルダン川の両岸に立つ、節くれだったオリーブの木のように古いものとの相互作用としてのみ、説明が可能だ。私が初めてこのことに気づき、じっくり考えるようになったのは、一九九二年五月のある日、時速二百七十キロで走る日本の電車に乗って、移動している最中だった。

・私は豊田市郊外のレクサスの工場を訪ねたのだ。（工場の動きを記述し、そのような状況を作るのにどれだけ設計を重ね、どれほどの技術を要したことかと、感慨にふけった。

・（新幹線の中で）その日のインターナショナル・ヘラルド・トリビューン紙に目を通していると、第三面の最上段の記事に目をうばわれた。国務省が毎日行なう定例報告の記事だ。国務省報道官がパレスチナ難民のイスラエル帰還をめぐる権利に関する一九四八年の国連決議を新たに解釈し直し、物議を呼んだという。

・私は世界最新の列車に乗って、時速二百七十キロで快適な旅をしながら、世界最古の地域に関する記事を読んでいた。その時ある思いが頭をよぎった。

今日見学したばかりのレクサスの工場を作り、今乗っているこの電車を作った日本人は、ロボットを使って世界最高級の車を生産している。一方私のよく知っている人々が、オリーブの木が誰のものかをめぐって争っているとある。

ふいに、レクサスとオリーブの木は、冷戦後の時代にじつにぴったりの象徴ではないかと思った。どうやら世界の半分は冷戦を抜け出して、よりよいレクサスを作ろうと近代化路線をひた走り、グローバル化システムの中で成功するために躍起になって経済を合理化し、民営化を進めている。ところが、世界の残り半分（ときには、ひとつの国の半分、ひとつの個人の半分、ということもある）

は、いまだにオリーブの木の所有権をめぐって戦いをくり返している。

・オリーブの木は大切だ。私達をこの世に根付かせ、錨を下ろさせ、アイデンティティを与え、居場所を確保してくれるすべてを象徴する（省略）。レクサスは昨日と同じ生活を維持し、同時に昨日より進歩し、繁栄し、近代化したいという要求が、今日のグローバル化システムの中で具現されたものを象徴している。

・この二、三年、世界を旅するうちに、レクサスとオリーブの木の間で、レスリングと、綱引きと、バランスを保つ行為とが同時に行われているのを見かけるようになった。

どうですか。

トーマス・フリードマンは新聞報道の各種分野を評価するピューリッツァー賞を3度も貰っている人です。つまり、皆さんは、米国の代表的論客の論を理解したことになります。

「オリーブの木を巡って戦争する」なんて何と馬鹿なことをするのかと思うでしょう。「愚かな人々だ」とお思いでしょう。でも「オリーブの木」は領土問題を象徴しています。領土問題になると1ミリでも多く取るのが外交のあるべき姿ととらえがちです。「戦争も辞さず」と頑張るのです。しかし、第三者から見ると「何と馬鹿なことをするのだ」となります。自分達の抱える問題を第三者の視点で眺められるか、これがとても重要です。

2、植民地主義の衰退

戦後ドイツと日本は共に経済発展しましたが、外交は異なる道を歩みました。それを考えることが、日本外交の選択に影響を与えます。

日本とドイツは共に第二次大戦で敗れました。しかし、両国とも奇跡的な経済発展を遂げました。ただ、外交になると、ドイツは近隣諸国と良好な関係を持っています。一方日本は、近隣の中国、韓国、北朝鮮、ロシアとの関係が良好ではありません。何故でしょうか。

戦後のスタートで、日本とドイツは異なりました。日本は1945年9月2日降伏文書に署名し、戦後をスタートしました。**降伏文書では「連合國最高司令官が発する一切の布告、命令及び指示を遵守し施行する」と決められています。**つまり、日本は「米国軍の指示に従う」ことでスタートしました。その中で、米国にとってソ連（ロシア）は冷戦の時の主敵、中国については、米国は国民党を支持し、これと対峙する中国共産党は敵、朝鮮半島では朝鮮戦争で北朝鮮が敵ということで、近隣諸国に対し、日本は米国の敵視政策に同調する形を取りました。

一方ドイツを見てみます。ドイツは戦後、米国軍、英国軍、フランス軍、ソ連軍支配の4地域に分断されました。ドイツ国家がないのです。占領者達には「ドイツは統一されると脅威になる。分割のままでいいのではないか」という声も存在しました。あるいは「各地方が独立国になることを奨励していいのではないか」という声もありました。

したがってドイツにとって、ドイツ国家の成立をするためには「ドイツは脅威にならない」ことに周辺国に疑念を持たせないことが不可避だったのです。フランスの協力もあって相互依存関係を構築し、今日誰もが「フランスとドイツの戦争がない」と思う状況を作りました。

この中で、ドイツは「記憶の文化」という独特の文化を作りました。解説を見てみましょう。「ドイツは難しい歴史を持つ他の国々と異なり、負の過去を認め、これを基礎に政策を立て、ドイツの全ての分野に浸透している」というものです。これは歴史問題で近隣諸国と対立する日本と異なります。

植民地主義の衰退 ①かつては「植民地主義」といって、大国が中小国を植民地にする時代がありました。今日では、植民地を持つことは治安の維持、不満を抑えるための社会投資を考えると、大国が中小国を植民地にするのはあまりに費用がかかり、かえって経済的にマイナスという認識が広まりました。

植民地が次第に消えていったのには、二つの理由があります。一つは植民地の人々の抵抗です。今一つは、植民地経営はコストが高すぎ、経済的に略奪するより、はるかに高くつくのです。どの国民であれ、外国人に支配されるのを好みません。何年かかるか判りませんが、人々は外国支配に抵抗します。

フランスは１８３０年以降、アルジェリアを支配します。第二次大戦後、世界中に各民族が自分の国は自分で決定するという民族自決運動が広がります。アジアではフィリピンはアメリカの植民地でしたが、日本軍の支配の下、独立が認められ、日本軍撤退後、米軍の支援を得て１９４６年に独立します。インドネシアは１９４９年にオランダから独立します。マレーシアが１９５７年に英国より独立します。民族自決は世界的に広がっていたのです。

しかし、フランスはアルジェリアの独立を認めません。アルジェリア人は１９５４年から抵抗運動を強めます。テロはフランス本土でも起こります。この収拾のため、ド・ゴールが大統領として登場し、１９６２年にフランスは独立を認めます。この独立にはフランス軍や秘密軍事組織が反対し、幾度となくド・ゴールの暗殺を企てます。

ド・ゴール大統領暗殺を企てる武装組織「秘密軍事組織（ＯＡＳ）」が雇ったプロの暗殺者「ジャッカル」と、大統領暗殺を阻止しようとするフランス官憲の追跡を描いた小説『ジャッカルの日』はスパイ小説の最高傑作の一つです。『ジャッカルの日』を読んで、国際政治に関心を持った人は多くいます。アルジェリアという植民地をかたくなに保持しようとしたフランスは結局、アルジェリアの独立を認めました。

一旦、植民地の住民が覚醒し、武器を持って戦い始めると、その制圧には、莫大な軍事的、財政的負担を強いられます。他方財政面を見てみます。植民地を経営する宗主国は、反乱が起きないように、植民地の社会を安定させるために大変な投資をします。

私は１９９３年から駐ウズベキスタン大使でしたが、旧ソ連時代、ソ連はウズベキスタンに膨大な社会投資をしました。教育、通信、運輸、住宅等ソ連が行った投資は莫大なものです。地下鉄は３本の路線がありました。当時一緒にいたロシア大使は、「我々がモスクワに持ち帰った財はわずかだ。投資の額と比較したら圧倒的に投資の方が多い」と嘆いていました。

英国には、植民地全盛時代においても「小英国主義」と称して、英国の財政負担が大きくなることから、植民地に反対する人々がいました。財政負担が大きくなれば、結局税という形で負担を強いられるのです。これに経済界が反対したのです。

第二次大戦以降、日本での認識は低いのですが、どこかの国がどこかの国を取りに行くということはなくなりました。今日武力紛争は①領土問題、②内乱の拡大、③米国の民主化を目指す動き関連の三つのカテゴリー位に限定されています。

②独立したウズベキスタンは金の大産出国でした。何故近隣諸国はウズベキスタンの併合をしないのでしょう。何故中国はモンゴルやカザフスタンを自分の領土にしないのでしょう。

先に述べましたように、私は駐ウズベキスタン大使でした。ウズベキスタンは1991年9月に独立しました。この国は独立してすぐに、これまで駐留していたロシア軍（ソ連軍）の完全・即時撤退を求め、ロシア側もこれに応じました。

ウズベキスタンは金の主要生産国ですし、綿花の生産国でもあります。資源があるのです。また、その周辺にはウズベキスタンよりはるかに強い国がいるのです。カザフスタンやキルギスタンを越えて中国がいます。トルクメニスタンを越えてイランがいます。アフガニスタンを越えてインド、パキスタンがいます。しかし、「ロシア軍がいなくなったら、中国、イラン、インド、パキスタンが攻めてくる。だからロシア軍にいてもらおう」と主張する人々はほぼ皆無でした。

何故でしょう。彼等は、植民地の試みは軍事的、財政的に多大な負担を与えることを知っているのです。同じことは中国についても言えます。中国は隣国のモンゴルを何故併合しないのでしょう。昔、モンゴルは中国帝国の一部でした。昔のように何故、版図を広げないのでしょう。モンゴルは米国と軍事同盟を結んでいるわけではありません。強大な軍隊を持っているわけではありません。平地が主体ですから戦車を投入すれば、すぐに支配できます。

「モンゴルは資源がないから」という人がいるかもしれません。では中国は何故カザフスタンを取りにいかないのでしょう。カザフスタンは石油、天然ガスの主要生産国です。中国はエネルギーを必要としています。取ったらいいじゃないですか。取ろうとしても、米国やロシアが、カザフスタンのために戦争するとは思えません。

中国という国には様々な選択があります。カザフスタンやモンゴルを併合するのも選択の一つです。しかし、その選択を実施していないのです。「カザフスタンやモンゴルを併合するという選択をしない」ことを決めているのです。

「選択がある」ということと、「実施する」ことの間には大きい開きがあります。「カザフスタンやモンゴルを併合するという選択をしない」、それを考えてみる必要があります。

③中国は何故近隣諸国を併合しないのでしょうか。米国国防省の論理を見てみたいと思います。

私達は、中国という国には様々な選択があり、「カザフスタンやモンゴルを併合するのも選択の一つである」のをみました。しかし、現実にはそれを実施していません。どうしてなのでしょうか。

中国の脅威を最も真剣に考えてきたのは米国国防省です。米国国防省は毎年議会に中国の軍事力について報告書を提出する義務を負っています。「２００９年中国の軍事力についての国防省報告」は次の分析を行っています。

・中国共産党の体制としての生き残りと永久化が中国指導者の戦略的見方を形作り、彼らの選択を生み出す。

・共産党のイデオロギーは「国民を統一し、政治的支援を得る」役割を果たし得ない。その代わりとして、党指導者は経済的成果とナショナリズムを政権の合法性の基礎としている。しかし、各々が政治的支配を揺るがす危険性を持っている。例えば中国指導者は世論を操作し、国内の批判を逸らし、外交を支えるため、愛国主義的感情を煽ってきたが、国民の抗議はいったん開始されると制御が難しく、逆に国家に刃向かうことになることを認識している。

・中国の経済が拡大するにつれ、（海外の）市場と、金属や化石燃料を中心とする資源へのアクセスへの依存が増え、これが中国の戦略的行動を形作る重要な要素となっている。このことは中国が発展に導く環境を維持するため、大国を中心とする緊張を管理することに集中していく。私はこの論を支持します。「中国は危険だ」と主張する人は、上の論に反駁できなければなりません。そういう精緻な「中国脅威論」に出合ったことはありません。

3、新しい流れ：ナショナリズム、自国第一主義の台頭

■①トランプ大統領の「アメリカ・ファースト」

民主主義、自由貿易、これらは、第二次大戦後の西側体制の基本でした。

第二次大戦後、米国を中心とする自由主義諸国と、ソ連を中心とする共産主義国は世界の覇権を争いました。当然、「自分達の体制が相手より勝る」という宣伝合戦となりました。自由主義経済はともすると、勝者の一人勝ちになる体制です。従って、自由主義諸国は福祉や労働条件の健全化等、社会主義国家に劣らな

	上位1％が占める割合	上位5％が占める割合
1979年	7.3%	19.4%
2007年	14.1%	28.1%
2017年	13.4%	28.0%

（出典：economic policy institute, Top 1.0 percent reaches highest wages ever—up 157 percent since 1979）

1979年との比較において2017年の賃金

上位 1%	343.2%
上位 2%—5%	157.3%
上位 10%以下	22.2%

（出典同上）

い努力をしました。ソ連の脅威が減少するにつれ、富の集中が進みます。

米国で見てみます（前頁の表）。

様々な指標を見ると、米国の年収の下半分の富は豊かになっておらず、逆に減少すらしています。この情勢の中で、下の半分の人々を代表する政党は米国には実質的にありません。有力な政治家で、この階層に属する人々もほとんどいません。

２０１６年大統領選挙の共和党候補トランプは大富豪です。フォーブスが毎年発表する米長者番付「フォーブス４００」で２０１７年にはトランプ大統領は31億ドル（約３５００億円）２４８位です（訴訟や選挙運動費等で保有資産は前年比6億ドル減、前年は１５６位）。対立候補のヒラリー・クリントンは資産（平均見積もり）が３２００万ドル、２０１４年年収３０５２万ドルと言われています。

（出典：https://www.davemanuel.com/pols/hillary-clinton/）

こうした場合、政治家が貧困層と一体であることをどうしたら主張できるでしょうか。簡単なのは、外国人を敵として、その思いでつながるのです。ナショナリズムを煽るのです。女性、貧困者、外国人、非キリスト教徒への攻撃を強めることで社会階層の違う人の支持を得ているのです。対外政策では、今まで以上に「自国利益」を前面に出します。

２０１６年トランプ氏が「米国第一」をキャッチフレーズとして当選しました。「米国第一」の中では、「民主主義」「自由貿易」が後退します。その象徴的事件が２０１８年トルコで起こりました。

事件の中心人物はサウジのカショギ氏です。彼はサウジの新聞の編集長として活動していましたが、サウジ政府に批判的で、身の危険を感じ米国に逃げました。ワシントン・ポスト紙でサウジ政府、特に皇太子の動向を激しく批判していました。カショギ氏はトルコ人女性と結婚するため、元妻との離婚証明が必要になり、９月28日に在イスタンブールのサウジ総領事館を訪れます。彼はこの総領事館で殺害されました。米国の情報機関ＣＩＡは「殺害チームが殺害後皇太子側近に行った電話盗聴（ここで the mission was accomplished ことを tell your boss と述べている）を根拠として、サルマン皇太子が暗殺を命じたとの結論を出しました。

ドイツのメルケル首相は10月21日「現状ではサウジへの武器輸出はありえない」と述べます。ではトランプ大統領はどうしたでしょう。トランプ大統領は「サウジは米国から武器を購入するため１１００億ドルを費やしており、これは米国の雇用も創出している」と説明して、取りやめる可能性を否定しました。経済的利益を優先させたのです。

これに対してワシントン・ポスト紙はどう反応したでしょうか。私は10月21日次のツイートを行いました。

「サウジ記者殺害　ＷＰ記事〝米国は道徳性、人権擁護の旗手としてきたが、今回サウジを追及できなければ、単に商業的な利益を求める国とみられるようになる〟　ハースＣＦＲ会長〝米国は世界からもはや主義、価値で外交を行う国でないとみられる〟」

自国の利益を最優先する時代になってきました。そのことは、国の利益と利益がぶつかり、自国の利益を最大にしようとする動きになっていきます。

②中国、インド、インドネシアなどの台頭

第二次大戦後、世界では国連の安全保障理事会の常任理事国アメリカ、イギリス、フランス、ソ連、中国（ただし台湾が代表）が中心でした。

その後、日本、ドイツの経済的台頭があり、1975年、フランス大統領ジスカール・デスタンは、〝工業化された4つの主要民主主義国〟の首脳をフランスのランブイエに招待し、フランスを含めて5カ国ではじめての首脳会議を開催し、定期的に首脳会議を持つことを提案しました。これにイタリア、カナダが加わり、G7（"Group of Seven" の略）体制ができました。日本外交ではG7首脳会議は極めて重要な行事となりました。米英独仏日伊加で世界を動かすという情勢が出てきました。

しかし2000年代になり新たな流れが形成されます。

CIA（中央情報局）は世界最大の諜報機関です。このCIAのサイトに、「WORLD FACT BOOK」があります。ここに「各国比較のガイド」というコーナーがあり、購買力平価ベースGDP（国民総生産）での順位が出ています。2017年では次の順です。

1：中国、2：EU、3：米国、4：インド、5：日本、6：ドイツ、7：ロシア、8：インドネシア、9：ブラジル、10：英国、11：フランス、12：メキシコ、13：イタリア、14：トルコ。

「G7」の時代とすっかり変わりました。中国が第1位となり、国家としてはインドが第3位となる時代の世界秩序がどうなるのでしょうか。ジョセフ・ナイ著『国際紛争』に次の記述があります。

「中国の台頭
ツキュディディスがペロポネソス戦争を叙述して以来、新たな大国の台頭は不確実性と不安を伴うと、歴史家たちは学んできた。

そうした台頭には常にではないにしろ、暴力的な紛争が後に続くことが多かった。

世界最大の人口を擁する中国の経済・軍事大国としての台頭は、新世紀の幕開けに際して、アジアとアメリカの外交にとって、中心的な問題であろう。」

中国の台頭で、米国には二つの選択があります。①は協力関係を発展させて米国の実利を拡大する、②は中国がNO1になるのを許さないとすることです。

トランプ政権は2018年、中国が米国に行っている米輸出額（約5050億ドル）中、9月24日2千億ドル（約22兆円）相当の輸入品に10%の関税を上乗せする制裁措置を発動しました。すでに2回に分けて計500億ドル相当への制裁関税を実施しました。これによって、中国の対米輸出額のほぼ半分が追加関税の対象となっています。「貿易戦争」と言っていいでしょう。ペンス副大統領が2018年10月4日ワシントンで講演し、貿易など経済に限らず安全保障分野でも、中国に「断固として立ち向かう」と述べ、ニューヨーク・タイムズ紙は「米中新冷戦の前兆」と位置付けました。

米中関係が今後どう展開するかは日本外交に大きい影響を与えます。

③トランプ大統領になってゲームのルールを一方的に変えてきました。自由貿易から「自国内企業優先」です。日本にも影響を与えます。

第二次大戦後の国際秩序の柱の一つが自由貿易でした。第二次世界大戦前、各国が高い関税をかけ、貿易戦争の様相を呈しました。お互いに反発し、第二次世界大戦発生の一因にもなりました。この反省から、第二次大戦後、互いに関税を引き下げる体制を作りました。最初は１９４７年のＧＡＴＴ体制(「関税及び貿易に関する一般協定」)、これが１９９５年の世界貿易機関（ＷＴＯ）に発展しました。

ＧＡＴＴ体制発足当時、世界の工場は米国でした。ですから、ＧＡＴＴ体制の最大の推進者は米国です。日本も、貿易で経済を拡大し、世界第二の経済大国になったのは１９６８年です。この時期、日本外交の柱の一つが自由貿易の推進です。

しかし、２０１６年トランプ大統領の登場で、この流れはすっかり変わりました。「自由貿易」が米国の企業に害を与え、米国の産業が衰退したという認識になります。そして、外国製品が米国に流れるのを止めようとする主要な対象国が日本になったのです。

この事情を２０１８年10月15日配信の朝日新聞は「(政治断簡）牙むく米国」という標題で、佐藤武嗣・編集委員の記事を報じました。こう指摘しています。

「トランプ米大統領の貿易に関する過激発言は、パフォーマンスの一環で、安倍首相との〝蜜月〟で乗り越えられる。そんな楽観論が国内に漂っていたが、9月末の日米首脳会談で空気は一変した。トランプ氏の日本車に対する圧力は過小評価すべきでない。米大統領選で特派員として同氏をウォッチしてきた経験から私はそう思っていた。

２０１５年6月16日のニューヨーク・トランプタワー。共和党予備選への立候補表明で会見に臨んだトランプ氏が強烈だった。〝米国はひどい苦境に陥っている〟と切り出すと、中国に次いで日本を名指し、〝日本は数百万台の自動車を送りつけているのに、我々は何をしているのか。諸君、東京にシボレーは存在しない。ヤツらは常に米国を打ち負かしてきた〟と敵意をむき出しにした。」トランプ米政権は10月16日、日本との貿易協定に関する交渉を始めると議会に通知しました。議会に対して、交渉再開の理由を「自動車や農産品、サービスといった重要分野で関税や非関税障壁の困難に直面しており、日米の慢性的な貿易不均衡をもたらしている」と説明しています。

ロス米商務長官は、米国が日本に対する巨額の貿易赤字を減らすには「自動車の生産を米国に移管するのが最善の方法だ」と指摘、日本メーカーが現地生産を拡大すべきとの考えを示しました。パーデュー米農務長官は日本側に求める農産品の関税引き下げ幅について、「環太平洋パートナーシップ協定（TPP）と同等か、それを超える水準を期待している」と述べました。日本外交に厳しい環境が形成されています。

これが将来どう展開するか、米国には選択が二つあります。一つには米国の工業を守るために保護主義を推進することです。今一つは、米国の企業は何も米国にとどまって生産する必要はないとして、世界の各地の最適な場所に工場を展開し、企業の利益を最大にすることを求めることです。

上の二つとも、米国内に支持者がいます。米国がどちらを取るかによって世界の情勢は変わります。勿論、米国の選択によって日本外交の環境が大きく変わります。外交では何を行いたいかよりも、先ず、どのような環境が出てくるかを見極めることが重要だと思います。トランプ政権が続く限り、安定した国際環境はないと思います。

4、「核抑止力」が機能しない時代の到来

泥棒と国防 ①「私達は家に鍵をかけます。それと同じように、十分な防衛を行わなければならない」という論をどう考えますか。

「私達は家に鍵をかけます。それと同じように、十分な防衛を行わなければならない」という論がしばしば聞かれます。この論は正しいでしょうか。私はこの比較は無理だと思います。

泥棒は不特定多数です。平成29年版犯罪白書を見ると窃盗総数は20万1646件で、空き巣は7・1%、忍び込みは3・1%です。一番多いのは万引きで37・4%です。当然のことながら、窃盗犯と盗まれる人との個人的関係がない場合が多いのです。また、窃盗犯は盗まれる人の近所で住んでいるとは限りません。発達した交通機関を利用して窃盗犯が住んでいる住所から遠くで犯行を行うこともあります。

他方、戦争のケースはどうでしょうか。欧州、アフリカ、中近東、東南アジア、北米、中南米の国々が日本を攻めることはまず考えられません。日本と戦争になる可能性があるのは、中国、ロシア、北朝鮮、韓国に限られると言っていいでしょう。

無数と言える窃盗犯に対処する手段と、極めて限られた国とに対処する手段は根本的に異なります。もし中国、ロシア、北朝鮮、韓国との間で外交的に問題がなければ、これらの国が攻めてくることはありません。

■②少し難しいのですが、ノーベル賞受賞者の考え方の理解を試みてみたいと思います。

ここで、ノーベル経済学賞受賞者の考えを見てみたいと思います。通常、ノーベル経済学賞は複雑な数式を利用しますので、彼らの考えを理解するのは無理です。

紹介するのはシェリングです。ハーバード大学教授でアメリカ経済学会会長となった戦略論の権威です。シェリングは2005年、「ゲームの理論的分析を通じて紛争と協調への理解を深めた」功績でノーベル経済学賞を受賞しました。

「紛争をごく自然なものととらえ、紛争当事者が勝利を追求しあうことをイメージするからと言って、**戦略の理論は当事者の利益が常に対立しているとみなすわけではない**。紛争当事者の利益には**共通性も存在するからである**。

実際、この分野（戦略）の学問的豊かさは、対立と相互依存が国際関係において依存しているという事実から生み出される。

当事者双方の利益が完全に対立し合う純粋な紛争など滅多にあるものでない。戦争でさえ、完全な根絶を目的とする以外、純粋な紛争はない。

〝勝利〟という概念は、**敵対する者との関係ではなく、自分自身がもつ価値体系との関係で意味を持つ**。

このような〝勝利〟は、交渉や相互譲歩、さらにはお互いに不利益となる行動を回避することによって実現出来る。

相互に被害を被る戦争を回避する可能性、被害の程度を最小化する形で戦争を遂行する可能性、そして戦争するのでなく、戦争をするという脅しによって相手の行動をコントロールする可能性、こうしたものがわずかでも存在するならば、紛争の要素とともに相互譲歩の可能性が重要で劇的な役割を演じることになる。」

どうでしょうか。様々な論点が入っていますが、「〝勝利〟という概念は、敵対する者との関係ではなく、自分自身がもつ価値体系との関係で意味を持つ」ということが重要な論点だと思います。

泥棒の論理を見てみたいと思います。読者の皆さんで泥棒しようという人はいないでしょう。「盗む」という行動は捕まったりする代償を考えた時、ほとんどの人の選択ではありません。泥棒は、泥棒して品物を奪うしか選択肢がない、かなり追い詰められた人々です。

一国の指導者がどの様な価値観を持つか、それを考えるのが極めて重要なのです。今日国際政治の大前提は、「軍事的冒険主義をとった時、その指導者は国際的に存続が許されない（厳密にいうと米国を除き）」です。逆に言えば、世界各国の指導者にとり、「自分の個人としての生命、政治家としての生命を冒して他国を攻撃する理由は存在しない」ということと思います。

考えておかなければいけないのは、どの国の指導者もその国最大の権力を手にしているのです。その権力を維持したいのは当然の欲望です。それを前提に考察すべきと思います。

ミサイル防衛が出来ない時代　①第二次大戦以降の軍事的環境はそれ以前と比較し大きく変化したのです。それは戦争の被害がとてつもなく大きいことと、相手国の攻撃を防ぐ軍事的手段が実は無くなっているのです。このことが第二次大戦以降の一番大きい変化です。

私達はすでに、爆弾の威力が巨大になり、犠牲を考えたら、戦争に踏み切れない状況を見ました。今一つ、極めて重要なことですが、第二次大戦以降、ミサイルが開発され、防御が出来ない状況が出来ているのです。「そんなことはないであろう。日本政府はミサイル撃墜命令を出してきた。さらにミサイル防衛実験に成功したという新聞報道がある」という反論があると思います。

弾道ミサイルは、距離によって、短距離弾道ミサイル、中距離弾道ミサイル、長距離弾道ミサイルに分けられます。このスピードがどのようなものと思われますか。

大気圏外を飛んでいる時は秒速2000m（メートル）から3000m、落下する時には長距離弾道ミサイルは秒速8000m、中距離弾道ミサイルは秒速2000mから3000m、と言われています。野球のピッチャーが投げる球は甲子園のクラスは時速130km台、プロの早いクラスで150kmです。秒速ですと40m位です。サッカーのペナルティキックは秒速25m位と聞いたことがあります。新幹線は時速300km位ですから秒速80m強です。カチッと1秒過ぎるごとに、2000mから3000m先に行っているのです。こんな速度で飛んでいるものを打ち落とすことが出来ないことは、常識的に考えても判ると思います。

これから少し、専門的になります。説明は少し難しいのですが、これの理解は、日本の安全保障を考える要ですので、考えて下さい。

弾道ミサイルを迎え撃つのは迎撃ミサイルで、日本で配備されているのはＰＡＣ３です。その速度はマッハ５、秒速１８００ｍです。打ち落とそうとするミサイルが、打ち落とされるミサイルより遅いのです。追っかけて打ち落とせないのです。落ちてくる瞬間に迎え撃つしかないのです。

ＰＡＣ３は射程が15～20㎞です。上に向けて撃ちます。角度80度位であれば、せいぜい守っている場所は半径２～３㎞です。

このことは重要な意味を持っています。ＰＡＣ３はしばしば市谷の防衛省敷地内に配備されます。防衛省敷地から半径２～３㎞はどれ位カバーしていますか。国会議事堂も首相官邸も、丸の内も銀座も新宿もどこも守っていないのです。また、市谷に配備したＰＡＣ３の実射実験というのは聞いたことはないでしょう。発射したらどこかに落ちてくるのです。だから、北朝鮮のミサイルにＰＡＣ３を撃って、万が一にも命中したら、二つのミサイルの残骸がばらばらに落ちてきます。

それより重要なのは、日本を狙うミサイルがどこを目指し、着弾地がどこか判らないのです。日本の政治、社会、経済の中心地を狙うことは間違いありません。でも、具体的にどこに着弾するか判りません。着弾地を１ｍ以内の精度で予測できなければ、落ちてくるミサイルの軌道は計算できません。軌道が計算できなければ、打ち落とせません。

ただ、新聞などで、米軍はミサイル防衛に成功したと報じられることがあります。それは何を言っているのでしょうか。アメリカに仮想敵国であるロシア、中国がミサイル攻撃するには二つのケースがあります。一つは、日本に対する攻撃と同じように、政治、社会、経済の中心地を狙う時です。今一つは、ロシア、中国に攻撃を予定している、米国のミサイルを破壊しようとして来る場合です。この時は、着弾地は米国のミサイル自身ですから軌道計算ができます。軌道計算が出来れば、理論的に撃墜は可能です。

しかし、自分のミサイルを守ることが出来ても、政治、社会、経済の中心地を破壊されてはどうにもなりません。さらにこのミサイルに核兵器が搭載されていれば、国は壊滅します。これを防ぐことは出来ないのです。

■②ロシアや中国が核兵器で米国を攻撃することを決めたら米国は存在しえないのです。

ロシアや中国が核兵器を搭載した大陸間弾道弾を発射したら、米国はどうなるでしょう。米国は事実上壊滅します。

ロシアや中国が核兵器を搭載した大陸間弾道弾を発射した時、大気圏外で加速し、落下する時には秒速約8㎞と言われています。繰り返しますが、ロシア、中国が米国の政治・経済・社会の中心地を攻撃する時、1m位の誤差の範囲内でどこに着弾するかはとても予測できません。予測できなければミサイルの軌道を計算できません。軌道を計算できなければ、どこに向かって撃てばよいか判りません。ミサイル防衛は出来ないのです。

つまり、中国の指導者習近平やロシアの指導者プーチンが「米国を破壊する」と決めたら、破壊できるのです。物理的に防ぐ手段はないのです。怖ろしい時代に入っています。米ソ冷戦や「米中新冷戦」と言っても、戦争出来ない枠組みがあるのです。

③中国やロシアが米国を核兵器搭載ミサイルで攻撃し、米国が壊滅的打撃をうける時に、米国はどうしたらよいでしょうか。

これから記述することは大変に難しそうなことです。しかし、国際関係で、核兵器をめぐる米ロ（ソ連）関係、米中関係の基本を理解できないと、今日の国際関係の真の姿の理解が出来ません。特に日本は核兵器保有国でないので、核兵器をめぐる国際関係が語られることはないのですが、是非考えてみて下さい。

大陸間弾道ミサイルが実用段階に入ったことが認識されたのは、ソ連が１９５７年初の人工衛星スプートニク１号を打ち上げた時です。後は、地上に戻る様に誘導できれば大陸間弾道ミサイルになります。これに核爆弾を搭載します。人工衛星を打ち上げることが出来る国は、技術的には大陸間弾道ミサイルを持てます。

これまで述べて来たことですが、①飛行中の高速（秒速２㎞から３㎞）、②高度飛行（３００㎞から５００㎞上空を飛行）、③政治、経済、社会の中心地を攻撃する場合（最終着弾地が不明により軌道計算して撃墜が出来ない）を考えると、途中で撃墜することはできません。

それで米国の軍事専門家は、この事態に対処することを考えました。報復攻撃を確実にすることです。

第一段階　ソ連 ——（攻撃）——→ 米国
第二段階　ソ連 ←——（報復攻撃）—— 米国

第二段階が効果的に働くためには、ソ連の第一段階の攻撃の時に、米国の核兵器が破壊されないようにしなければなりません。様々な手段がありますが、一番簡単なのは、原子力潜水艦に核兵器を搭載し、海中に潜り、第一段階で破壊されないようにしておくことです。こうして、仮にソ連が攻撃しても、逆にソ連は、米国が行う報復攻撃で完全に破壊されます。これを専門用語で、「確証破壊戦略」と呼びます。

ブリタニカ国際大百科事典は次のように説明しています。

「1960年2月の国防報告のなかで、アメリカのマクナマラ国防長官が提唱した核戦略。どのような状況からも、敵の第1撃を吸収したあと、報復反撃によって相手国の人口の20～25％に致命傷を与え、工業力の2分の1ないし3分の2を破壊する潜在力をもてば、どのような国もどのような戦争目的をもっていても、先制第1撃を行いえない。というのは、このような大きな損害は、その国をして当分の間、国家としての機能を失わせるからである。このような確実な破壊の潜在力によって、核戦争を抑止する戦略を確証破壊戦略という。」

判りますか。もう一度図を見ます。

第一段階　ソ連 ——（攻撃）——→ 米国
第二段階　ソ連 ←——（報復攻撃）—— 米国

ここまでの考え方は難しいものでありません。「殴ってみろ。お前を殺してやるからな」という構図です。相手の力を見ると、「彼には殺す力がある」ことが判ります。「それなら殴るのをやめよう」というのは普通の物語です。

■④日本がミサイルと核兵器を持った時に抑止力になるでしょうか。

日本の中に、日本も核武装すべきだと主張する人々がいます。その場合、考えるのは報復攻撃です。報復攻撃なら、相手国が、「その攻撃を耐えられない」と感ずるレベルにまで持たなければなりません。その時の基準は、様々な可能性があります。先に見ました「報復反撃によって相手国の人口の20～25％に致命傷を与え、工業力の2分の1ないし3分の2を破壊する潜在力をもてば、どのような国もどのような戦争目的をもっていても、先制第1撃を行いえない」というのも一つの基準です。

日本が核兵器を持ったとしても、ロシアや中国の人口の20～25％に致命傷を与え、工業力の2分の1ないし3分の2を破壊する潜在力を持つ段階にまではとても行きません。他方ロシア、中国が日本攻撃をした場合には簡単に日本全土を破壊する能力があります。このような場合には、「相手の核兵器攻撃を抑止する力はない」と判断するのが普通です。

⑤「相互確証破壊戦略」という我々の常識と異なる考えが、今日の「米ロ関係」と「米中関係」の基本になっています。これが判らないと今日の世界情勢が判りません。

アメリカから見た論理は判ります。「お前が殴ってきたら、もっと痛い目に遭うぞ」ということで、相手の攻撃を避けるのです。

では今度はソ連（今のロシア）の方から見てみましょう。今度はアメリカから攻撃があった時です。この時にはアメリカはソ連の核施設を全滅させるとします。

第一段階　ソ連　←（攻撃）―　米国

~~第二段階　ソ連　（報復攻撃）→　米国~~　（この選択肢はなし）

この時は、アメリカはソ連の報復攻撃を恐れることなく、攻撃できます。このことをソ連側から考えるとどうなるでしょうか。アメリカから先に攻撃したら全滅します。これをAとします。ソ連から先に攻撃したら、どうなるでしょう。再三述べてきたように次になります。これをBとします。

第一段階　ソ連　―（攻撃）→　米国

第二段階　ソ連　←（報復攻撃）―　米国

ソ連にとってAのケースとBのケースとどちらがいいでしょうか。アメリカが先に攻撃すれば全滅です。自分の方、ソ連から攻撃すれば、報復攻撃を受けますが、米国を完全にやっつけることが出来ますし、米国の反撃能力も相当被害を与えられます。

それでは、米国は、ソ連が先制攻撃するのをどうしたらいいのでしょうか。これまではAでした。

第一段階　ソ連 ←（攻撃）― 米国

~~第二段階　ソ連 ―（報復攻撃）→ 米国~~（この選択肢はなし）

これを次のようにしたら、どうなるでしょうか。

第一段階　ソ連 ←（攻撃）― 米国

第二段階　ソ連 ―（報復攻撃）→ 米国

こうなると、どうなるでしょうか。アメリカから見ると、ソ連の報復攻撃を許すことになります。しかし、ソ連は米国が攻撃しても報復攻撃が出来るので、米国から先制攻撃される可能性が低くなります。その事は、米国の先制攻撃を恐れて、ソ連の方から先制攻撃するという可能性が減ずることになります。その事は米国の安全保障を逆に高めることになるのです。これを「相互確証破壊戦略」と呼びます。「相互確証破壊戦略」の一般的説明を見てみます。

「核兵器を保有して対立する2か国のどちらか一方が、相手に対し核兵器を使用した場合、もう一方の国が先制核攻撃を受けても核戦力を生き残させ核攻撃による報復を行う。これにより、〝一方が核兵器を先制的に使えば、最終的に双方が必ず核兵器により完全に破壊し合うことを互いに確証する〟ものである。理論上、相互確証破壊が成立した2か国間で核戦争を含む直接的な軍事的衝突は発生しない。例えば、米国とソ連の間に相互確証破壊が成立した冷戦後期以降、この2か国間では直接的な軍事力行使は行われていない。」

この考え方は、極めて斬新な考え方です。「私は何時でも貴方に殺される状況です。でも貴方も私を殺したら死にます」「自分が死ぬことを相手に保証する。それで相手の攻撃を避け安全を高める」という戦略は、多分過去にはありませんでした。それが今日の核戦略の中心なのです。どうですか。理解できましたでしょうか。

⑥「相互確証破壊戦略」というのは、自分が殺られることを保証するわけで一般に意義を説明するのは難しいのです。それで、そんなものはないとする政治家が出ます。代表的なのはレーガン大統領で「ミサイル防衛」を大々的に宣伝します。

レーガン大統領は1983年3月23日次の演説をします。

「助言者達との綿密な検討の末に、私は一つの道があると信じるに至った。我々は今ここに、ソ連のミサイルの脅威に、防御的な手段で対抗するプログラムを開始する。アメリカの安全が、ソ連の攻撃に対する報復によって保たれるのではなく、戦略弾道ミサイルを、我々自身の、また我々の同盟国の国土に達する以前に迎撃し、破壊できると知ったときに初めて、自由な国民は安楽に暮らせるのではないだろうか？」

「これは手強い仕事であり、今世紀の終わりまでには実現できないだろう。だが、技術の進歩は努力を開始しても良いところまで来ている。」

これまで幾度となくミサイル防衛は理論的に出来ないことを述べてきました。繰り返しますと、

①大気圏外を飛行中は、秒速２０００ｍから３０００ｍ、米国に落下する時には秒速８０００ｍ、これを撃墜するのは先ず不可能、

②ソ連のミサイルの最終目標地点が不明なので、軌道を計算できない。軌道を計算できなければどこに撃てば落とせるか判らないという事です。

ここから一般の人々の判断が分かれます。「大統領が出来ると言っているじゃないか」「大統領に助言する著名な科学者がいるじゃないか」「そんな中でどうして素人の貴方が政治・経済・社会の中心地に対する〝ミサイル防衛〟はあり得ないと言えるんだ」。

この時代から、人々の判断が難しくなります。そう簡単に大統領の見解を否定できません。レーガン大統領は「何が出来るか」ではなくて、「人々が何を望むか。望むことを出来るようにして政策にしよう」として、ミサイル防衛は出来るという政策を打ち出してきたのです。軍需産業も莫大な投資が出来ます。「ミサイル防衛が出来そう」という学者、研究者には莫大な研究費や報酬が回ります。

ここで、「はじめに」で紹介したアイゼンハワー大統領の言葉に戻ります。

「危機に対応する、華々しい、金を掛けた行動がすべての困難を奇跡的に解決すると感ずる誘惑に繰り返し駆られるものです。国防の新たな要素に巨大な増強を行う事等が、我々が歩もうとする道の唯一の方法として提案されるでしょう。しかしそれぞれの提案はより広い視野から評価されなければなりません。つまり、国家の諸計画間のバランス、コストと期待される利益のバランス、明白に必要なものと、あればいいかなというものとのバランスを保つ必要性の考察です。」

日本でも自民党で安全保障に強いと言われている政治家は次の様に述べていました。

「確かに、今ミサイル防衛が有効かと言うと有効とは言えない。しかし国の安全は重要なものなので、可能性があれば投資するのは当然だ。」

理論的に可能性はないのです。さらにその配備、実験に莫大なお金が追加されます。私達は物事を判断する際、「誰が言ったか」で判断するのでなくて、事態の本質を見極めて自分で判断する力が必要なのです。

⑦何故、「相互確証破壊戦略」という難しい概念を説明したのか。それは核兵器とミサイル時代には、軍事力で国を守るという事は技術的にありえないことを知ってもらうためです。

私は1985年から86年、ハーバード大学の国際問題研究所で、フェロー（研究員）でした。その時どの授業の聴講も可能でしたので、ジョセフ・ナイ教授の授業を聴講しました。彼は世界の紛争の歴史を振り返って「戦争はどういう時に起こるか。NO１がNO２に追い上げられ、両者間で交代が起こるかもしれないと認識された時である」と説明していました。

ただ、核兵器とミサイル時代で、大国間が「相互確証破壊戦略」で設定されていますと、軍事手段に訴えることは出来ません。相手に軍事手段を使えば、自国が破滅します。

つまり、米国が如何にロシアを嫌悪しようと、中国を嫌悪しようと、この2カ国に戦争を仕掛けることは出来ないのです。この状況が、第二次大戦時代の軍事的環境が、それ以前の時代と決定的に違うところです。

第二章

外交の基礎、価値観の違いの認識

1、外国人は日本をどのように見て来たか

■①1950年代、欧州で日本人はどの国民と見られたでしょうか。枝村純郎氏の体験

外務省の先輩に二人の人がいます。一人は、枝村純郎氏、今一人は小倉和夫氏です。

枝村純郎氏は1952年外務省に入省、官房長、駐インドネシア大使、駐ソ連大使についています。

小倉和夫氏は1962年外務省に入省、韓国大使、フランス大使、国際交流基金理事長などを務めています。両者は外務省に入った時代は約10年の差がありますが、外交の基本に、価値観の違いの認識を入れています。

まず、枝村純郎氏が1983年に行った「国際的ということ」という講演から見てみたいと思います。

「国際的ということは、価値観の相違、つまり物の考え方、とらえ方、あるいは違う人と付き合うことであり、そういう人達が世界には存在するということを理解することだと思うわけです。くだいて申し上げるため、例えば私という人間がこういう顔で外国へ出ていきますと、どういう受けとらえ方をするか、という話から始めましょう。

私は外務省へ入って間もなく、スペインの地方の大学に勉強に出かけました。日本人はほとんどいません。夕方散歩していると子供達が「中国人だ」と話しながらついてくる。ちょっと気のきいたスペイン人になると、フィリピン人かと問うのです。スペインにとって一番縁の深い極東の国はフィリピンだもんですから。

ところがフランスへ行きますと、ヴィエトナムか、カンボジアか、いずれにせよインドネシアの人と間違われました。

英国にいったら、マレーシアから来ただろうと言われました。

やはり、スペイン留学中に、米国観光客から「お前はハワイ出身か」と聞かれました。

これらの例を見てみても、どこの国の人にせよ、それなりの固定価値観をもっていて、自分の尺度に照らして物事を理解し、解釈しようとするのが如実に分かるわけでございます。」

■②アジア・太平洋地域の人々はお互いをどの様に見ているか。

枝村氏が外務省に入ったのは1952年です。サンフランシスコ講和条約が結ばれ、日本がやっと国際社会に受け入れられた時代で、海外に出かける人がほとんどいない時代でした。昔とは違って、海外で多くの場合、日本人は日本人とみられます。しかし、「どこの国の人にせよ、それなりの固定価値観をもっていて、自分の尺度に照らして物事を理解し、解釈しようとするのが如実に分かるわけでございます」というのはその通りだと思います。

2015年PEW研究所は「アジア・太平洋地域の人々はお互いをどの様に見ているか（How Asia-Pacific Publics See Each Other）」という調査をしました。各々の国民が、日本、中国を肯定的に見ている割合です。

下の表は、歴史を凝縮して示しています。簡単に解説してみたいと思います。

・マレーシア、ベトナム、フィリピン、インドネシアの東南アジアの諸国は戦後、各々の経済発展の過程で、日本の経済援助を受けています。

・豪州は西側先進国同士という事で、日本と良好な関係にあります。

・第二次大戦後、日本は東南アジア諸国には経済援助を行いましたが、インド、パキスタンへの支援は大きくありませんでした。

・中国、韓国は日本との関係で歴史問題（第二次大戦前の日本の対応）がいまだに解決していません。

・中国は1979年ベトナムと戦争しています。従ってベトナム

見る国民／対象	日本	中国
マレーシア	84	78
ベトナム	82	19
フィリピン	81	54
豪州	80	57
インドネシア	71	63
パキスタン	48	82
インド	46	41
韓国	25	61
中国	12	—
日本	—	9

は中国を好意的に見ていません。

・1962年中印国境紛争が起こっています。従ってインドは中国を肯定的に評価していません。他方、インドとパキスタンは対立しており、中国はパキスタンを支援してきています。

・日本が韓国をどう見ているかは、肯定的が21%です。

これを含めて言えることは、相手国を否定的に見ている時には、相手国もまた同じように否定的に見ているという事です。

中国に関しては、中国が日本を肯定的にみる割合が12%で、日本が中国を肯定的に見る割合は9%です。同じ様に、韓国が日本を肯定的に見る割合は25%に対し、日本が韓国を肯定的に見る割合は21%です。日本や中国は各々何も変わりません。「どこの国の人にせよ、それなりの固定価値観をもっていて、自分の尺度に照らして物事を理解し、解釈しようとする」その例の一つです。

③ジョークで日本人はどのように扱われているでしょうか。

ジョークは様々なスタイルを持ちますが、政治的ジョークは、しばしば権力者への痛烈な批判を伴ないます。1960年代ソ連の権力者はフルシチョフでしたが、彼を批判したジョークがありました。

「ある男が赤の広場の塀に〝フルシチョフはバカだ〟と落書きした。この男は逮捕され、懲役11年を言い渡された。〝俺の罪は何だ〟と男が叫ぶと、裁判官は〝1年は国の財産である壁を汚したため。残り10年は国家機密漏洩罪だ〟と答えた。」

勿論、各国の人々を比較するジョークがあります。早坂隆著『世界の日本人ジョーク集』に次が掲載されています。

「ある時大型客船が難破し、それぞれ男二人と女一人という組み合わせで、各国の人が無人島に流れ着いた。それからその島で何が起こったであろうか。

イタリア人：男二人が女を巡って争い続けた。

フランス人：女は男一人と結婚し、もう一人の男と浮気した。

日本人：男二人は女とどうしたらよいか、トウキョウの本社に携帯電話で聞いた。」

「ある豪華客船が航海の最中に沈みだした。館長は乗客に速やかに船から脱出して海に飛び込むように指示した。

アメリカ人には〝飛び込めば貴方は英雄です〟

ドイツ人には〝飛び込むのが規則になっています〟

イタリア人には〝飛び込めば女性にもてます〟

フランス人には〝飛び込まないで下さい〟

日本人には〝みんな飛び込んでいます〟」

日本人については、決断を自らするのでなく、他に委ねる様を風刺しています。

■④歴史的に、外国人は日本をどのように見て来たでしょうか。

外交を行う人々は外交官と呼ばれています。私の知っている何人かの人々を紹介したいと思います。

私が最初に勤務した在ソ連大使館で大使をされていたのは新関欽哉氏です。

「孫崎、劇を見に行くが、一緒についてこないか」と言われて見たのが、ジョン・リード原作『世界を揺るがした10日間』でした。1917年のロシア十月革命についてのルポルタージュ作品です。劇が終わって、「一緒に夕食を取ろう」と言われて、食事をご馳走になったのですが、そこで彼が外交官として出発した時代の頃の話を聞きました。

ラトビアのリガで研修をしていたのですが、ナチが占拠し、その後、ルーマニアなどを放浪します。ドイツが降伏する時は、ベルリンの大使館にいて、ロシア軍と折衝しています。

終戦直後、外務省を辞めることを考えています。「何になろうと思われたのですか」と問うと「チェーホフの研究家になろうと思った」と言われました。

アメリカの外交官で最も著名な人にジョージ・ケナンがいます。アメリカの冷戦外交の基本方針となる「ソ連封じ込め」政策を提言した人です。彼は自叙伝で「ロシア人を理解するのにチェーホフを徹底的に読んだ」と述べています。私も当時チェーホフを読んでいましたので、新関大使に「どの作品が一番好きですか」と聞くと「御者」の話だと言われる。そして話を始められました。

「馬車の御者がいた。町を流して、客を拾っていた。今のタクシーの様なもの。お客さんが次々と乗って来る。その度毎に〝お客さん、実はね〟と話しても誰も聞いてくれない。疲れ果てて家に来て馬具をかたづけ、馬を見ると、馬はじっと見ている。それで話し始めた。

〝実はね、今朝電報が届いた。息子が戦死したのだ〟。馬はヒヒヒーンとないた。さも全てを理解するかのように。御者はその後も馬に話を続けた。」

私はびっくりしました。当時、駐ソ連大使と言えば、外交官の花形です。それにしてはなんと淋しい話か。

戦後の日本の外交官で最も教養のあったのは岡崎久彦氏であったろうと思います。一時期、三越が新年に日本の著名人の色紙、掛け軸等の展示をしていました。岡崎久彦氏の中国古典を題材にした書は群を抜いていました。彼は著書で韓国を「近くて遠い国」と書き、このフレーズは、その後、多くの人が韓国を述べる時に利用しました。

私の世代の近辺での文化人は、小倉和夫氏だったでしょう。小倉和夫氏は１９３８年生まれ。外務審議官（経済担当）、駐韓国大使、駐フランス大使を務めた人です。彼は『日米経済摩擦』『アメリカの12の顔』等外交関係の本を書いていますが、同時に、『パリ名作の旅』『パリの周恩来』等の著作もあり、多才な方です。小倉和夫氏も、外交において「価値観の違い」の重要性を認識した人です。彼は、外国人が日本を理解するのに苦労している点を指摘しています。

・特定の事情の一群に対する日本人の反応は測ることが出来ず、また日本人の行動は西洋の物差しで予測することが出来ないのである（グルー駐日大使）

・初めて横浜の土を踏んだ時、少年の頃、地球の裏側では全てのものが逆さまになっていると当然信じていたことが、はっと胸をついて蘇ってきた。この国の人々は物事全てを逆さまに見ているように思われるのだ（ローエル、19世紀の米国の代表的知識人）

・日本では習慣があべこべだから、店から顧客のところへ行くのであって、顧客が店へ出掛けてい

くのではない（オールコック、幕末期の駐日英国公使）
・この国民はぬれたタオルで身体をふく。酒を温めて飲む。帽子をぬがずに靴をぬぐ。卒業試験でなくて、入学試験に懸命になる。人間の中心を心臓とみないで腹を中心とみる。男は女の胸を愛さず、えりもとを愛する。日本の全てがこのように我々とはちがっている（ハンス・ヴァーレフエルト、１９７０年代日本論を出版）

２、外交で自国の利益を１００％実現することはできない

①外交とは何か。自分の利益、価値観を１００％実現させることを目指すのではなく、51点をめざし、なんとか48点、49点になることを避けるのが外交の役割。

外交に関する古典的存在であるハロルド・ニコルソン著『外交』は『オックスフォード辞典』を引用して「外交とは、交渉における国際関係の処理であり、その処理の方法であり、外交官の職務あるいは技術である」と定義しています。

私は『日本外交現場からの証言』（１９９３年）で次のように書きました。

「（外交についての）私の定義は少し異なる。できれば、定義に外交の指針となる価値観を盛り込みたいと思った。それが次のものである。**外交とは〝互いに異なる利益・価値観を持つ国々の中**

にあって、相手国の異なる利益・価値観が互いに対立する時に、どこまで自己の価値感を譲れるかを定め、その調整を図る〟ことではないかと思う。」

今読み直してみますと、「どこまで自己の価値観を譲れるかを定め、その調整を図る」と書き込んだのに、自分でも驚いています。多分、皆さんは、「自分の利益、価値観を100%実現させることを目指すのが外交だ」とお考えになると思います。

すでに引用した枝村純郎氏の「国際的ということ」の講演を見てみたいと思います。

「外交は価値観の違う世界であり、予測のつきがたい世界です。しょせん灰色で、はっきり黒と白で割り切ることが出来ない。あるいは善玉だ悪玉とは言い切れない。そういう訳の分からないところでの勝負で、百点満点ということは望むべくして望めないのが現実です。

私自身の感じで、間違っているかも知れませんが、いつも51点をめざし、なんとか48点、49点になることを避けるのが外交の役割だと思っています。その辺が必ずしもご理解いただけないところであり、時に外交が批判を招く所以のものですけれども、そのような訳の分からなさが国際社会の現実であることは、承知しておいていただければと思います。

そういう謙虚な認識が、ひいては、相手を尊重し、さらに相手のことを理解したいという国際親善の気持ちにもつながっていくものかと考えます。」

■②百点の外交とは相手国に零点を強いることになります。

私達は、「自分の主張を出来るだけ主張し、実現する」ことが正しいと思いがちです。一つ、図を見て見ましょう。

当然の事ですが、Aの充足度が上がればBの充足度が下がります。二者の関係でAの充足度が100%の時にはBの充足度は零になります。この時、Bはそれでいいというでしょうか。Aの充足度が100%でBの充足度が零になる、しかし、その後この関係が崩れるには幾つかのケースがあります。

一つは、Bが事の重大性に気づいていない時です。幕末、日本は鎖国から開国に向かい、列強諸国と条約を結びましたが、その中に治外法権と関税自主権の欠如が含まれていました。その後、日本政府は不平等に気づき、時間をかけて修復しました。列強も「一旦条約を結んだのだから守る義務がある」とは言いませんでした（注、韓国との従軍慰安婦や徴用工問題との類似性を考えてみて下さい）。

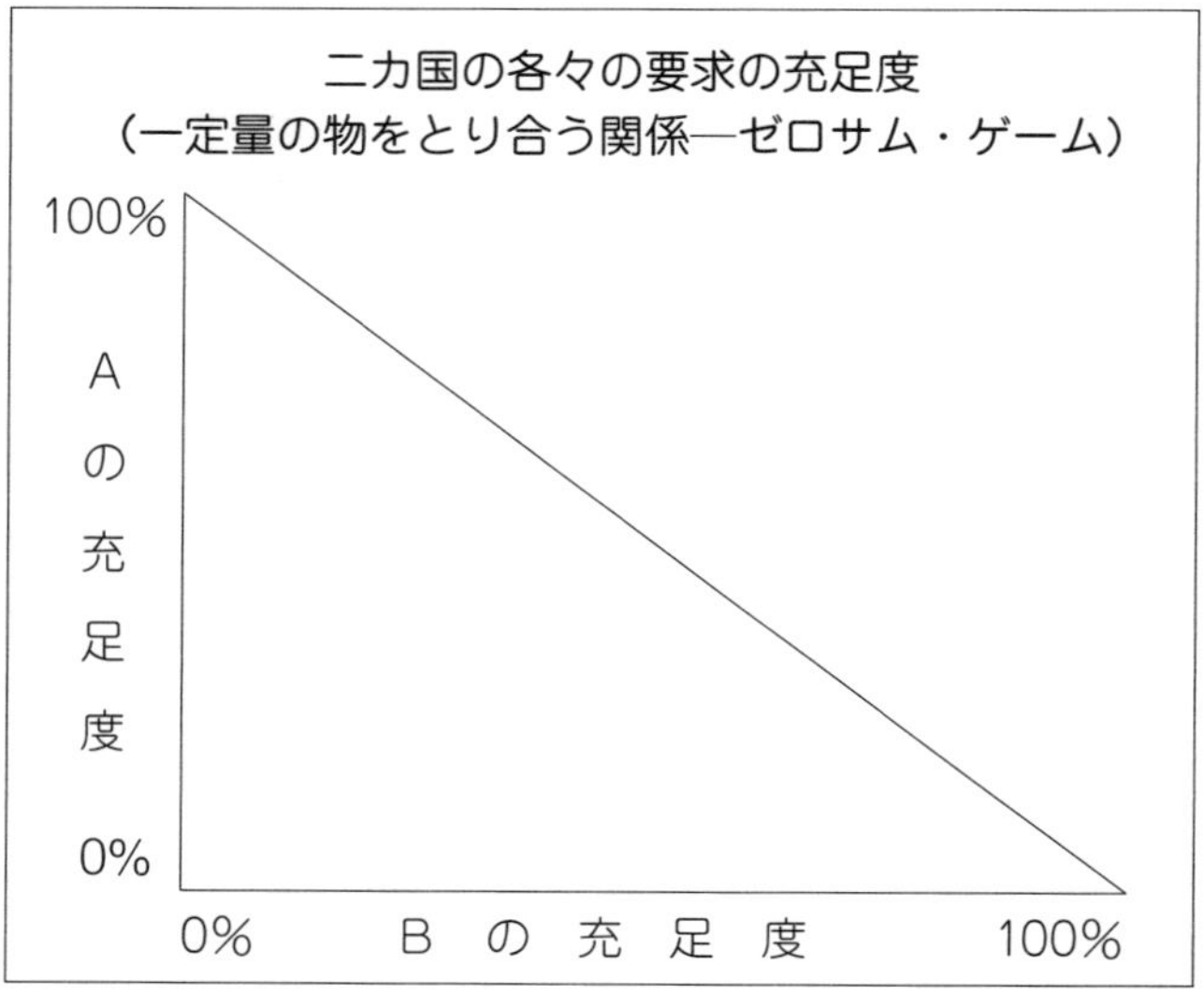

二つ目に、力関係において、AがBに対して圧倒的に強く、Bが抑え込まれる時です。代表的なのは昔の植民地です。しかし、植民地も長い時間の経過の末、今日ではほとんどありません。

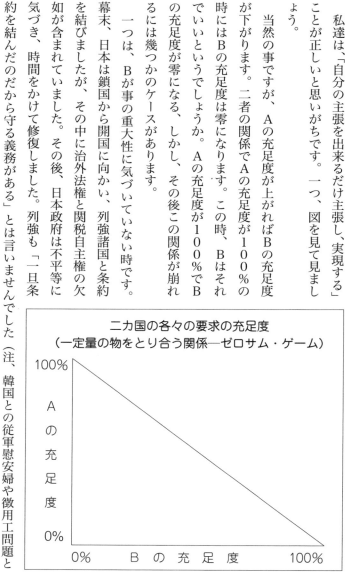

三つ目に、新たな政権が相手国に出来て、多くの場合、民意を反映し、これまでの合意を破棄する時です。日韓両政府は2015年ソウルで行われた岸田外務大臣と韓国の尹炳世外交部長による外相会談後に行われた共同記者発表で、「慰安婦問題が最終的かつ不可逆的に解決されることを確認する」と表明しました。しかし、韓国世論はこれを受け入れる所とならず、朴大統領に代わって新たに選出された文大統領の下で、この合意は実質破棄されました。

四つ目に、二カ国では実力行使などで決着がついても、国際社会が許さないとする時です。1990年8月2日イラクがクウェートに侵攻し軍事的に制圧しましたが、国際社会は反発し、国際連合が多国籍軍を派遣し、イラク軍をクウェートから撤退させました。

■③「ゲームの理論」に上智大学の学生がどの様に反応したか。

2010年代初め、私は上智大学で、上智大学教授達と一緒に戦略論の講義をしました。たまたま、別の教授が「ゲームの理論」を説明されました。そこで、この教授が次の問題を出しました。

・Xという人が、AとBに合わせて100万円あげることにした。
・ただし条件が付いている。
①Aが、AとBの間の配分を決める。この決定は1回だけ。
②Bがこの合意に賛成すれば、AB双方が貰える。Bが賛成しなければAB双方は貰えない。
③貴方がAの時にどちらにするか。

（あ）Ａが90万円、Ｂが10万円。
（い）ＡＢ双方が50万円。

さてこの教授の問に皆さんはどうしますか。この時、上智大学の生徒のほとんどが、「（い）ＡＢ双方が50万円」を選択しました。教授は不満だったようです。彼は次のように説明しました。

「（あ）Ａが90万円、Ｂが10万円のケースをもっと考えてみよう。

Ａが90万円、Ｂが10万円と提言した時、Ｂはどう反応するか。たとえ、Ａの判断が不公平でも、嫌だと言ったら一銭も貰えない。選択は嫌だといって貰う額がゼロになるか、不服ではあるが承諾をすれば10万円入る。Ｂとしては10万円手に入れる選択をするだろう。ＡがＢの反応をこのように判断すれば、自分は90万円もらえ、多分Ｂも同意するであろう。そうであれば、Ａが90万円、Ｂが10万円にしていいのではないか。」

どうでしょうか。上智の学生はこのような教授の説明にもかかわらず、「（い）ＡＢ双方が50万円」を選択したのです。なぜなのでしょう。

一つは、「公平」の観点でしょう。

二つ目は多分、ＡＢ二人の関係はこのお金の分配に限定されません。今後も様々の関係があります。Ａが自己中心的な一方的な判断をすると、Ａへの評価が変わり、今後ＡＢの関係全体に悪影響を与えることが考えられます。つまり、今問題となっている問題は、より広い問題の中で、重要度が下がるという考え方です。

更にこうした場合考えられるのは、ＡＢだけでなく、三つめは第三者Ｃなどへの影響です。「あの人は自分だけよければいいという人よ」という評価が出てしまえば、大変なマイナスが出ます。

④ドイツは、第二次大戦で、アルザス・ロレーヌ地方をフランスに取られました。しかし取り戻す主張はありません。何故でしょう。

私達はドイツとフランスの関係を見てきました。二度の世界大戦を通じて多くの犠牲者を出したドイツとフランスは二度と戦争しないことを真剣に考えました。「互いに憎しみ合う」社会から「国民が協力することの利益を判る」社会を作ることを真剣に考えたのです。

戦争はしばしば資源の争奪を目的に戦われます。欧州では石炭の生産地がその対象となりました。さらに戦争するには武器が必要です。鉄は武器に必要な資源です。1951年フランスとドイツはこの二つの資源を「欧州石炭鉄鋼共同体」で共同管理することにしました。その協力が様々な分野に拡大され、それが欧州連合に発展しました。今日、世界の誰もが、ドイツとフランスは戦争するとは思っていません。それは、ドイツ、フランスが意図的に、戦争に行かないシステムを作り上げたからです。

こうした中で、フランスとドイツの間の領土問題はどの様になるでしょうか。ドイツ・フランスにはアルザス・ロレーヌ地方という厄介な領土問題がありました。この地方はフランス領になったり、ドイツ領になったり様々な変遷を遂げてきています。

1世紀、シーザーに支配され、ローマ帝国の一部となる。

5世紀、ドイツの部族アレマニに支配される。

9世紀、フランス創設と見なされるフランク王国時代チャールズ大帝の下、その中心部となる。

870年、神聖ローマ帝国の一部となる。

1469年、仏のブルゴーニュ公に売却される。

1477年、ハプスブルグ家の一部になる。

1639年、アルザスはフランスに征服される。

1648年、ウエストファリア条約でアルザスの大部分は仏領になる。この当時地方政府ではドイツ語が話される。

1871年、プロイセン王国は普仏戦争後アルザス・ロレーヌを国土の一部とした。

1919年、第一次大戦後この地はフランスに併合される。この時代フランス化を促進する。

1940年春、フランスがドイツに敗れると、ドイツ敗北までドイツの支配となる。

1944年、自由フランスがパリを奪還して新政府を樹立し、アルザス・ロレーヌを領有しフランス領とする。


凄まじい歴史です。この地方はフランス、ドイツの間をいったりきたりしているのです。アルザス・ロレーヌ地方の面積は1万4496㎢です。九州（4万2231・48㎢）の3分の1位の面積を持っています。この地方は第二次世界大戦後フランス領になっています。ではドイツはこれを取り戻す主張を、今行っているでしょうか。していません。

この地域にはさらに新たな動きがあります。この地域をEUの都市とする試みがなされています。欧州連合は欧州議会本部を、この地の中心都市ストラスブールに置いています。ストラスブールを中心としたドイツ、フランス領にまたがるこの地域に「ヨーロ地域（Eurodistrict）」と呼ばれる行政地域が設定されました。

第二次大戦後、多くの領土を喪失したドイツは歴史の中で新しい生き方を見いだしました。独仏間の過去の歴史は臥薪嘗胆、捲土重来の繰り返しでした。奪われた土地は力でもって取り返す、絶え間ない戦争がありました。しかし第二次大戦後のドイツは新しい道を探ります。敗戦の結果、領土を奪われることとなった運命は受け入れる。同時に、相手国、さらにはその他の国をも含むＥＵという組織の中核となる道を選択し、今日ドイツはＥＵ内で最も影響力のある国家となっています。

⑤ＡＢの関係は、両者間だけで決まらず、第三者が介入してくる場合があります。具体例に、１９９０年イラクがクウェートに侵攻した時の国際社会の介入です。

１９９０年、イラクとクウェートの間に石油価格をどうするか、イラン・イラク戦争でクウェートがイラクに貸与したお金の支払い等、いくつかの問題がありました。

そもそもの出発はイラン・イラク戦争です。イラン・イラク戦争の直接の原因は、両国の国境に流れるシャトル・アラブ川の国境線を川の中間にするか、イラク側の岸側にするかという問題でした。より大きい原因はイスラム革命を起こしたイランがシーア派をアラブ世界に拡大するのをどう防ぐかの問題がありました。この役割をスンニー派の軍事大国、イラクが担うことになります。シーア派がアラブ世界に拡大する際、スンニー派のサウジやクウェートが対象になります。それで、サウジやクウェートがイラクに資金提供をしました。しかし、戦争終了後、クウェートはこの資金の返済を求めました。これが導火線となり、イラクはイラク・クウェート国境にまたがるクウェートの油田を取る目的で、クウェートに侵攻します。イラクとクウェートの間の軍事力はイラクが圧倒的に優勢です。イラクはすぐにクウェート全土を制圧しました。イラク軍はサウジ国境にまで侵攻していきました。

この状況を懸念したのは米国です。米国はサウジがイラクの支配下に入ることを特に懸念しました。国際連合が多国籍軍（連合軍）の派遣を決定し、1991年1月イラクを空爆します。イラクは結局、クウェートからの撤兵を余儀なくされます。イラクのサダム・フセインへの警戒心は解けず、2001年9月11日アメリカ同時多発テロ事件を契機にイラク戦争がおこり、イラクのサダム・フセイン大統領は抹殺されました。

今日、国際社会は密接な相互依存関係が存在しています。この中で、超大国米中ロを除き、一つの国が暴力的手段で他の国を制圧することは許されない状況です。

3、北朝鮮の核兵器開発にどの様に対処すべきか

■北朝鮮の核兵器開発にどの様に対処したらいいでしょうか。

私達は、過去の歴史などによって、国によって同じものでも異なって見えることを見てきました。

日本にとって北朝鮮の核開発問題は深刻です。この問題について考えて見たいと思います。先ず、日本を含め多くの国は北朝鮮の核兵器の開発は、世界の安全にマイナスの影響を与えると考えています。

では北朝鮮の方はどうでしょうか。豪州の歴史学者、ガバン・マコーマックの『北朝鮮をどう考えるのか』(平凡社、2004年)を参照してみます。

「米国にとり北朝鮮の核は過去一〇年間ほど主要な問題であったが、北朝鮮にとっては米国の核の脅威は過去五〇年絶えず続いてきた問題であった。

核時代にあって、北朝鮮の独特な点はどんな国よりも長く核の脅威に常に向き合い、その影に生きてきた。朝鮮戦争のときには核による殲滅から紙一重で免れた。米軍はその後核弾道弾や地雷、ミサイルを持ち込んだ。一九九一年核弾道弾が韓国から撤収されても、米軍は北朝鮮を標的とするミサイル演習を続けた。北朝鮮では核の脅威がなくならなかった。何十年も核の脅威と向き合ってきた北朝鮮が、機会があれば『抑止力』を開発しようと考えるのは驚くことではない。」

21世紀になっても状況は変化していません。米国防省内に核兵器を管理する司令部、戦略指揮(STRATCOM)があります。2003年、このSTRATCOMに新たな作戦計画 CONPLAN8022 が与えられます。ここでは、危機時、北朝鮮、イラン、シリア等に対する、先制核攻撃が想定されているのです。2004年春、ラムズフェルド国防長官は「CONPLAN8022 を常に実施できるように」との緊急指令を出しています。北朝鮮は常に核兵器で攻撃されるという想定の中で生きてきたのです。

では解決策はどうしたらいいのでしょうか。キッシンジャーは『核兵器と外交政策』で次のように述べています。

・核保有国間の戦争は中小国家であっても、核兵器の使用につながる

・核兵器を有する国はそれを用いずして全面降伏を受け入れることはないであろう、一方でその生存が直接脅かされていると信ずるとき以外は、戦争の危険を冒す国もないとみられる

・無条件降伏を求めないことを明らかにし、どんな紛争も国家の生存の問題を含まない枠を作ることが米国外交の仕事である。

ハース外交評議会会長は「北朝鮮の核開発プログラムからの10の教訓」という論文の中で、北朝鮮の核開発を阻止することは困難であるとした上で、「全ての問題が解決されるというものではない。幾つかの問題は管理できるだけである。危機を管理することは満足できるものではないが、多くの場合それが望みうる最大のものである」と主張しています。

北朝鮮の核兵器の脅威を最もうける国は日本です。この問題を解決するのに、キッシンジャーやハースの様な考え方は十分ありえます。では日本の政権党や外務省や主要メディアでこの考えが論じられているでしょうか。ありません。何故でしょう。

第三章

国際社会で日本の特殊性は何か

1、『菊と刀』『日本人とユダヤ人』の日本人の見方

今一度日本へのジョークを見てみたいと思います。

「ある時大型客船が難破し、それぞれ男二人と女一人という組み合わせで、各国の人が無人島に流れ着いた。それからその島で何が起こったであろうか。

イタリア人：男二人が女を巡って争い続けた。

フランス人：女は男一人と結婚し、もう一人の男と浮気した。

日本人：男二人は女とどうしたらよいか、トウキョウの本社に携帯電話で聞いた。」

このジョークは何を述べているのでしょうか。日本人個々人が自ら判断することをやめ、判断を自分の属している組織に委ねていると評価するものです。

■『菊と刀』の日本人

「日本人は他人の描いた〝地図〟を歩み、自ら歩むべき道を描かない」、最高の日本人論『菊と刀』の記述です。

ルース・ベネディクトは1887年生まれ。『菊と刀』は1946年に出版された本です。第二次大戦中、米国は「日本人とは何か」を徹底的に研究しました。戦争情報局の日本班チーフだったベネディクトが「日本人の行動パターン」を執筆します。戦後、これを基に記述されたのが『菊と刀』です。日本人論の最高傑作です。その主要点を見てみます。

・日本人は他のいかなる主権国にもまして、行動が末の末まで、あたかも地図のように精密に規定されており、めいめいの社会的地位が定まっている世界の中で生活するように条件づけられてきた。

・人はこの「地図」を信頼した。そして、この「地図」に示されている道をたどる時にのみ安全であった。人はそれを改め、あるいはそれに反抗することにおいてではなく、それに従うことにおいて勇気を示し、高潔さを示した。

・十九世紀後半に徳川幕府が崩壊したときにも、国民のなかで、この「地図」を引き裂いてしまえという意見のグループは一つも存在しなかった。

・明治の政治家たちは国家と人民との間の「ふさわしい位置」の義務を細かに規定した。

・「ふさわしい位置」が保たれている限り日本人は不服をいわずにやってゆく。彼らは安全だと考える。

ベネディクトは「日本人の一人一人は自らの行く道を自ら考えない」ことを説明しています。

■『日本人とユダヤ人』の日本人

日本人論の今一つの名著『日本人とユダヤ人』は「日本人の精神性は長きにわたり米作に従事してきたことで規定される。日本の稲作は、気候の点で無理があるから、否応なし、選択はない。全員で対応するしかない」と主張しています。

イザヤ・ベンダサン著『日本人とユダヤ人』（山本書店、1970年）は日本人論の傑作です。著者はユダヤ人という触れ込みでしたが、山本七平（聖書学を専門とする山本書店店主）であるというのが通説です。彼の論を見てみたいと思います。

・日本の稲作は、気候の点で無理があるから、否応なし、待ったなしの緻密な計画のもとに手ぎわよくやらねばならない。三月に苗代、梅雨期に田植え、台風前の結実、秋の快晴に取り入れといったスケジュールは崩せない。

・中世の日本では人口の八十五パーセントが農民だったというから、国民のほぼ全員が一千数百年にわたってこういう訓練を受け続けてきたわけである。従って、一定期日を定めて、そこから逆算し、いわゆる秒きざみのスケジュールで事を運ぶ点では、全世界広しと言えども日本人の右に出る者はいない。

・このキャンペーン型稲作は、もう一つの決定的な特徴を日本人に与えた。かつては、全日本人の八十五パーセントがある時期（天の時）になると一斉に行動を起した（人の和）。
・こういう社会では、ゴーイング・マイ・ウェイ型人間のたどる運命は、社会から排除されるか、社会がこれを矯正してしまうかのいずれかであろう。全学連の闘士の十年後の姿を見れば、この矯正または排除が実に的確に行われているのがわかるであろう。
・サンヘドリン（イエスの時代ユダヤの国会兼最高裁判所のようなもの）には明確な規定があった。「全員一致の議決は無効とする」。（省略）わずかでも異論を称える者があるなら、その対比の上で、比較的、絶対正義に近い事が証明されるわけである。全員が一致してしまえば、その正当性を検証する方法がない。

■アフリカ大使が「アフリカの農業とアフリカの人々の生き方」を述べたのを紹介します。

『日本人とユダヤ人』は、「中世の日本では人口の八十五パーセントが農民だったというから、国民のほぼ全員が一千数百年にわたって一定期日を定めて、そこから逆算し、いわゆる秒きざみのスケジュールで事を運ぶ」という仕事の仕方を行ってきたと説明しました。この中では「こういう社会では、ゴーイング・マイ・ウェイ型人間のたどる運命は、社会から排除されるか、社会がこれを矯正してしまうかのいずれかであろう」とも説明しました。

当然、各国の人は、働く環境によって生き方に異なりが出ます。

皆さんは例えばオリンピックの５０００メートルや1万メートルでモロッコ等の選手が優勝した時、額を地面につけ、神に感謝している姿を見たと思います。私はこうした問題を北アフリカの駐日大使と話したことがありました。彼は次の様に述べました。

「私は日本に来て、農業の在り様は、日本と、我々の北アフリカとでは大きく異なっていると思いました。

日本の農民は、本当に一生懸命に働きます。それは一生懸命働けば、結果として良質で、量の多い収穫が出てくることに確信を持っているからだと思います。努力は実ることに疑問を持っていないと思います。

他方、北アフリカを見てみたいと思います。一生懸命働くことと収穫は必ずしも正比例しません。我々の所では、①干ばつ、②砂嵐、③バッタの大集団の襲来、④他民族の収奪など様々なことが起こります。自分の努力と最終的収穫との相関関係は弱いのです。他の要素に大きく依存します。これらは個人の努力と関係ない所で生じます。ここから結果は個人の努力より、まさに『インシャラー（神の御心のままに）』なのです。いい結果がでた時、それを許してくれた外部環境、それを一括して象徴する『神』への感謝の気持ちがでます。」

農業と性格について述べましたが、狩猟民族だとどうなるでしょうか。

日本では集団の考えが重視されます。狩猟で、「キツネは北からくる」「〇〇族が攻めて来ることはない」と集団が一致した見解をもっても、動物や他の部族が異なった動きをしたら自分達の部族の全会一致は何の意味も持ちません。むしろ、集団に様々の見解があることの方が、集団の生き延びに貢献します。

2、日本人は「戦略的思考」をほとんどしない

二つの日本人論の名著『菊と刀』と『日本人とユダヤ人』は、私達日本人は、他人の作った道を歩む、自らが自己の進む道を考えない、皆と一斉に行動することを指摘していますが、そのことは、日本人は「戦略的思考」をほとんどしないことを意味します。

私達は、しばしば「戦略的」という言葉に出合います。「戦略」とはどういう意味を持つでしょうか。ウィキペディアで検索しますと、「戦略（英：Strategy）は、一般的には特定の目的を達成するために、長期的視野と複合思考で力や資源を総合的に運用する技術・科学である」と記述しています。判りましたでしょうか。

私は「戦略」を自分の本『日本人のための戦略的思考入門』の中で、「人、組織が死活的に重要だと思うことに目標を明確に認識する。そしてその実現の道筋を考える。かつ、相手の動きに応じ、自分に最適な道を選択する手段」と定義しました。

先ず、対象が、「人、組織が死活的に重要だと思うこと」なのです。中学生の皆さんでしたら、「高校をどうしようか」「大学や専門学校をどうしようか」「どこに就職しようか」は当然皆様の戦略の対象です。そして、「結婚する」もまた、同様に、立派な戦略の範疇です。入学試験でしたら、「どの大学に行くか」を決めます。「目標を明確に認識する」過程です。そして、目標の大学の過去の入試問題を調べて、「その実現の道筋を考える」過程に入ります。センター試験などで、合格の可能性を調べるのは、

「相手の動きに応じ、自分に最適な道を選択する手段」の段階です。

戦略を立てたから自分の目標が達成できるわけではありませんが、先ずは自分なりの「地図」を作る作業が「戦略」です。

3、優れた「戦略的思考」の手順

■最も優れた「戦略的思考」はどの様な手順を踏むでしょうか。

古来から、様々な人が「戦略」を考えてきています。代表的なものは、「孫子の兵法」です。孫子の兵法は様々の英知を示しています。

「孫子曰く、およそ用兵の法は、国を全うするを上と為し、国を破るはこれに次ぐ」

「上兵は謀を伐つ。その次は交を伐つ。その次は兵を伐つ。その下は城を攻む。攻城の法は、やむを得ざるがためなり」

国の安全保障というと、すぐに軍事を考えることを考えますが、孫子は「非軍事」を重視しています。

「用兵の法は、十なればすなわちこれを囲み、五なればすなわちこれを攻め、倍すればすなわちこれを分かち、敵すればすなわちよくこれと戦い、少なければすなわちよくこれを逃れ、しからざればすなわちよくこれを避く」（用兵の原則は、こちらの軍勢が相手の十倍であれば敵軍を包囲し、五倍であれば敵軍を攻撃し、倍であれば敵軍を分裂させ、対等であれば勇戦し、相手より兵力が少なければ退却し、勝算が立たなければ敵軍との衝突を避けることだ)

孫子には様々の優れた所がありますが、「相手との力の関係で対応を変える」ことが極めて重要だと思います。

戦略論では、マキャヴェリ、ナポレオン、クラウゼヴィッツ、毛沢東などが優れた人と言われています。私は、古今通じての世界の戦略家と言われる人々の中で、米国のマクナマラの戦略的思考が最も汎用性が高く、時代の変化に耐えるものと評価しています。それは戦略論をシステムとして確立したことによります。

マクナマラという人がどういう人かを見ておきたいと思います。１９４０年、マクナマラはハーバード大学ビジネス・スクールの助教授になり、ここで、統計を中心に、企業経営の分析を教えています。第二次大戦が勃発し、何千という飛行機が戦争に投入されます。この管理が問われます。しかし軍にはまだ管理システムがありません。ここでマクナマラが米軍に呼ばれ、管理システムの構築に参画します。

第二次大戦後、マクナマラを中心とする10人の「神童達」と呼ばれるグループが空軍管理システムを持って米国自動車会社フォード社に移籍し企業経営に適用します。１９６０年マクナマラはフォード社社長に就任しています。

ケネディ大統領がマクナマラの才能に着目し、国防長官に指名します。マクナマラはフォード社で磨いた管理システムを国防省に導入します。こうした中で、マクナマラは戦略システムを完成させます。官僚社会や、企業や、大学などで成功した人々はいますが、大学、軍、企業の三つの分野で成功を収めた人となると、ほとんどいないと思います。

彼の功績は戦略をシステム的に構築したことです。彼は、戦略を三つの段階に分けます。

第一段階：目標を明確に設定

第二段階：目的達成の計画の作成

第三段階：システム的に計画実施を管理

この戦略システムを経営という分野で取りまとめたものが次ページの別表です。

この図は「経営」の分野での考察ですが、「受験」や「就職」や更には「結婚」でも該当します。

先ず、「自分で何をしたいか」を設定します。そして「実現するための外部環境と、自分の力の比較」をします。次に何をするかの「明確な目標」を設定します。この過程で、常にプランAだけでなく、プランB、プランCを考えます。こうした作業を行った後に、ゲーム・プランを考えます。

客観的に外部環境と自分の力を理解できなかった代表例は、日米開戦に踏み切った日本の間違いです。

山川出版社の『詳説日本史』には次の記述があります。

「空襲での被害は家屋の全焼が約221万戸、死者約26万人に達し、主要な生産施設が破壊されました」

〈別表〉　マクナマラ戦略と経営

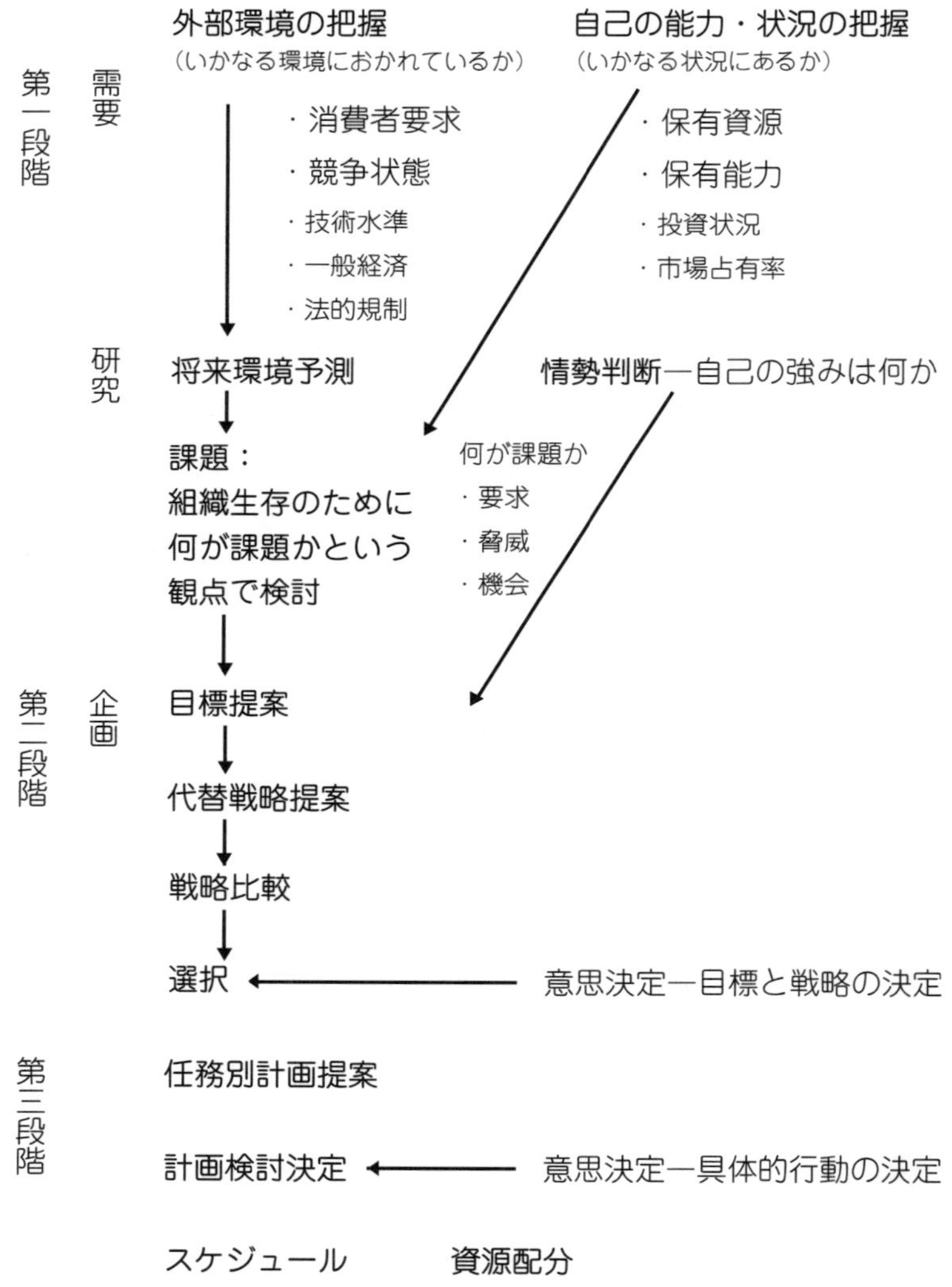

（出典：馬淵良逸著『マクナマラ戦略と経営』より著者若干改訂）

「沖縄戦では日本軍の戦死者は5万5000名に達し、一般市民も10万人以上が戦没した」

更に『資料太平洋戦争被害調査報告』（中村隆英編 東大出版）は次のように記述しています。

「太平洋戦争における死者は厚生省の発表によると310万人余（内軍人軍属230万人、沖縄住民を含む在外邦人30万人、内地での戦災死亡者50万人）と考えられている。国富被害は総計約653億円」

「全国の直接的物的被害額約486億円（仮に日銀の卸物価価格数の倍率でみると最近値で10兆円―1995年―、繊維業は敗戦時の設備能力は昭和16年の20〜40％、化学工業は35〜60％に縮小した）

平成天皇もまた、2013年12月80歳の誕生日に際しての記者会見で「この戦争による日本人の犠牲者は約310万人と言われています」と発言されました。

莫大な被害です。この莫大な被害を生んだ戦争は日本が真珠湾を攻撃することから始まりました。相手の軍事行動から始まったのではありません。日本の決断によって開始されました。事前の日米交渉が失敗した等様々な問題があります。でも最大の問題は、「マクナマラ戦略」における「外部環境の把握」と「自己の能力・状況の把握」が出来ていなかったことです。

ジェフリー・レコード著『アメリカはいかにして日本を追い詰めたか』という本があります。この本の評価は別として冒頭、米国陸軍戦略研究所所長グラス・ラブレースの言葉が記載されています。

「日本が1941年に下した米国攻撃の決断は全く合理性に欠け、ほとんど自殺行為であったと考えられる。アメリカは日本の10倍の工業生産力を持っていた。もちろん日本がアメリカ本土を攻撃することは出来るものではない。そんな国と戦って日本は勝算があると考えたのだろうか。

太平洋方面で我が国と戦えば負けることは解り切ったことだった。日本が我が国と戦うと決めた歴史的事実を一体どう説明したらよいであろうか。」

ディーン・アチソンは1941年には国務次官補です。彼は真珠湾攻撃以前、次のように語っています。

「我が国を攻撃すれば、日本にとって破壊的な結果になることは、少し頭を使えば、どんな日本人にでも解ることだ。」

その通りと思います。日本の10倍の工業生産力を持った米国と戦争すれば、「少し頭を使えば破壊的な結果になる」のです。しかし、当時の国家の中枢の人は詭弁を使いました。「民主主義国家の米国は永い戦争に堪えられずに途中でやめる」という詭弁です。この詭弁で日本を破壊に導きました。

もし日本社会が「マクナマラ戦略」の「外部環境の把握」「自己の能力・状況の把握」を行って後、自己の行動を考えるという戦略の基本を身に着けていれば、「真珠湾攻撃」という無謀なことは行わなかったでしょう。

■夏目漱石は『それから』と『三四郎』で日本に警告を発しています。

社会学者より、文学者が端的に真実を指摘することがあります。夏目漱石がそうです。夏目漱石は『それから』（1909年著）で、日露戦争後の日本を実に見事に描写しています。

「大袈裟に云うと、日本対西洋の関係が駄目だから働かないのだ。第一、日本程借金を拵らえて、貧乏震いをしている国はありゃしない。この借金が君、何時になったら返せると思うか。そりゃ外債位は返せるだろう。けれども、それぱかりが借金じゃありゃしない。日本は西洋から借金でもしなければ、到底立ち行かない国だ。それでいて、一等国を以て任じている。そうして、無理にも一等国の仲間入をしようとしている。だから、あらゆる方面に向って、奥行を削って、一等国だけの間口を張っちまった。なまじい張れるから、なお悲惨なものだ。牛と競争をする蛙と同じ事で、もう君、腹が裂けるよ。」

夏目漱石が日本の将来に厳しい目を向けていたのは『それから』だけではありません。『三四郎』（1908年作）にもあります。主人公、小川三四郎が熊本の高等学校（第五高等学校）を卒業し、大学（東京帝国大学）に入学するために上京する時、車中での出来事を書いています。

「髭の男は「いくら日露戦争に勝って、一等国になっても駄目ですね。……」（三四郎は）「しかしこれからは日本も段々と発展するでしょう」と弁解した。するとかの男はすましたもので、「亡びるね」といった……。熊本でこんなことを口に出せばすぐ擲ぐられる。悪くすると国賊扱いにされる。」

多分、三四郎の「亡びるね」をもっと丁寧に説明する必要があると判断して、『それから』に書きこんだのでしょう。

私は今、「真珠湾攻撃が何故起こったか」を勉強していますが、その萌芽はすでに日露戦争での〝勝利〟から始まっています。日本は日露戦争で、世界の一流国のロシアと戦いました。しかし、それは日本の国力でできない戦いでした。年間の予算の8倍もの戦費を使い、その8割は外国からの借金でした。一等国の「間口」を張りましたが、まだ一等国でないものが間口だけ広げたものですから、当然破綻します。

「牛と競争をする蛙と同じ事で、もう君、腹が裂けるよ」、まさに、日露戦争から真珠湾攻撃への道の本質です。

でも、何故、漱石が日本を客観的に見られたのでしょうか。多分、漱石は日本社会の論理だけに浸っていたわけでないことにあるのではないでしょうか。外国の文献に目を通しています。何よりも英国に留学（１９０１年から02年）し、外国人の目で日本を客観的に見ることが出来たからではないでしょうか。逆に、真珠湾にいく過程で、戦争の相手となる英米を知っている人は枢要なポストにはほとんどいません。

漱石の「牛と競争をする蛙と同じ事で、もう君、腹が裂けるよ」をデータで見てみたいと思います。小野圭司氏の論文「第1次大戦・シベリア出兵の戦費と大正期の軍事支出」に「20世紀初頭の日本と欧米列強の軍事・経済指標（単位：百万ドル）」が掲載されています。一部を抜粋します。

	日本	米	英	露
GDP				
（1900）	1,200	18,700	9,400	8,300
（1910）	1,900	35,300	10,400	11,300
（1921）	7,200	69,600	23,100	-
（1925）	6,700	93,100	21,400	16,000
軍事支出				
（1900）	70	190	670	200
（1910）	90	310	370	310
（1921）	400	1,770	1,280	400

戦うとなれば、ＧＤＰ（国内総生産）が一番重要です。戦争を行う力は、ＧＤＰに大きく依存します。10倍以上の差のある国に戦争を挑んだのは、「マクナマラ戦略」の「外部環境の把握」「自己の能力・状況の把握」を行って後、自己の行動を考えるという戦略の基本がいかに身についていなかったかを示し

ます。

私達はすでに孫子を見ました。そこで、用兵の原則で、「相手より兵力が少なければ退却し、勝算が立たなければ敵軍との衝突を避けることだ」という教訓を見ました。しかし、日本の軍人は感情の高ぶりに政策決定を任せたと思います。

■孫子の兵法を見てみましょうか。

『孫子』は紀元前500年頃書かれた兵法書です。「そんな昔に書かれた本が今日に役立つか」と思われると思います。だが、深遠な思想がつまっています。孫子の思想を数理経済に翻訳し、ノーベル賞を受賞した人もいるほどです。

孫子には様々な要素が入っていますが、最も素晴らしいものの中に次があります。

「用兵の法は、十なればすなわちこれを囲み、五なればすなわちこれを攻め、倍すればすなわちこれを分かち、敵すればすなわちよくこれと戦い、少なければすなわちよくこれを逃れ、しからざればすなわちよくこれを避く。ゆえに小敵の堅は大敵の擒なり（戦いの原則は、敵の十倍の戦力があれば敵を取り囲み、五倍であれば攻め、二倍であれば敵を分断し、互角のときは全力で戦い、少なければ退却し、勝ち目がないと見たら戦わない。つまり、自軍が劣勢のときに強気に出て戦えば、強敵の餌食になるだけだ）。」

相手の国にどの様に対応するかは、相手との力関係で変化すべきなのです。

１９２５年の段階でＧＤＰでは米国は日本の約14倍、軍事支出で約４倍です。こうした情勢下で日本が米国に攻撃を仕掛けることは考えられないことです。勿論、戦前の軍人で真剣に孫子を学んでいた人もいて、「米国との戦争は無謀だ」と主張する人もいましたが、残念ながら、当時の指導部はこのような人を排しています。

日本外交では自国と相手国の力関係を常に考えておく必要があります。今後も中国の軍事力にどう対応するかが日本にとって重要な課題となりますが、核兵器の保有数、ミサイル等の運搬手段、これの比較から始めて欲しいと思います。

第四章

日本外交の負の遺産

1、占領体制の影響

日本は第二次大戦後、「日本はポツダム宣言実施のため、連合国総司令官に要求されたすべての命令を出し、行動をとることを約束する」

1945年8月15日正午、昭和天皇の肉声（玉音放送）が、NHKのラジオで流れました。その内容は、「私は世界の大勢と大日本帝国の現状にてらして、非常の措置をもって時局を収拾したいと思う。忠実で善良な国民に告ぐ。私は帝国政府に対し、米国、英国、中国、ソ連の四カ国が提示した共同声明を受け入れることを通告させた」（口語訳）というものです。

私たち日本人の多くは「8月15日に共同声明〔ポツダム宣言〕を受け入れることにした。だから戦争は終わったのだ」と思っています。しかしよく考えてみると、一方が「やめた」といって、戦争が終わるものではありません。戦っている双方が、「終わった」と確認しあう必要があるのです。

日本が戦った相手はどう見ているでしょうか。

米国のトルーマン大統領は、9月2日の降伏調印式の直後、ラジオ放送を行い、その日を「対日戦争勝利の日」と宣言しました。そして、「我々は真珠湾攻撃の日を記憶するように、この日を『報復の日』として記憶するだろう。この日から我々は安全な日をむかえる」と述べています。英国のチャーチル首相は、「本日、日本は降伏した。最後の敵はついに屈服したのである」「平和は再び世界に訪れた。この大いなる救いと慈悲に対し、神に感謝を捧げようではないか」と述べています。

日本と戦った相手国の首脳、米国のトルーマン大統領、英国のチャーチル首相は9月2日の降伏調印式で終戦と位置付けています。では、日本は何故、この日を終戦としていないのでしょうか。この日以降の政治の実体を日本国民に知られたくなかったのです。降伏文書には次の条項があります。

「日本のすべての官庁および軍は降伏を実施するため、連合国総司令官の出す布告、命令、指示を守る」

「日本はポツダム宣言実施のため、連合国総司令官に要求されたすべての命令を出し、行動をとることを約束する」

日本政府は「連合国総司令官からの要求にすべて従う」ことを約束したのです。第二次大戦後も日本には天皇や政府が存続しています。首相もいます。しかし天皇や首相が自ら国の方針を考え、政策を出していた訳ではないのです。天皇と日本国政府の上に連合国最高司令官がいます。マッカーサーです。

第二次大戦後、日本は米国に完全に従属する形でスタートを切ったのです。

1951年日本は独立しました。しかし、首相は占領時代の首相、吉田茂がそのままです。占領時代、占領軍にどのように対峙していたかを見てみます。

米軍の占領が開始された時、日本には勿論、米国が意のままに日本を統治することに反対する人々がいました。その代表的人物は重光葵です。彼は日本政府を代表し、降伏文書に署名しました。だが、全て米国の指示に従う人物ではありませんでした。

1945年9月2日午前9時、降伏文書の署名式が始まり、9時20分、マッカーサー元帥は調印式の終了を告げました。米軍総司令部はこの時点でまだ横浜に置かれています。米軍との折衝の責任者は鈴木九萬公使でした。

9月2日午後4時、参謀次長マーシャル少将が鈴木公使を呼びます。ここでマーシャル少将は驚くべき命令を鈴木公使に述べます。「実は明朝10時に三カ条の布告（＝三布告）を交付する予定だ。非公式にテキストを事前にわたすので、公表の手続きを至急とるように」。この三布告には、すごい内容が書いてありました。

布告第一：日本全域の住民は、連合国最高司令官の軍事管理の下におく。行政、立法、司法の一切の機能は最高司令官の権力の下に行使される。**英語を公用語とする。**

布告第二：米側に対する違反は米国の軍事裁判で処罰する。

布告第三：米国軍票を法定通貨とする。

つまり、占領時代、私達日本人の公用語は英語で、通貨はドルが予定されたのです。当時の外相重光葵はマッカーサー元帥と談判し、この三条件を撤回させます。しかし、重光は9月15日解任され、10月には新内閣が成立します。この事情を重光葵は著書『続 重光葵手記』では次のように書きます。（口語訳で紹介します）

「幣原新内閣は昭和二十年十月九日成立した。その計画は吉田外務大臣が行なった。吉田外務大臣は、いちいちマッカーサー総司令部の意向を確かめ、人選を行なった。残念なことに、日本の政府はついに傀儡政権となってしまった。」

この重光の評価は正しいのでしょうか。それとも自分が外務大臣の職を追われたあと、その座についた吉田への反感にすぎないのでしょうか。当時の新聞を見てみましょう。1945年10月7日読売新聞は、重光の見解と同じ内容の記事を書いています。

「後継内閣の首班としては端的にいって、『アメリカをよく理解し、進んでアメリカの対日政策にしたがって行こうとする熱意ある人』という要請が大きく浮かび上がったのである。〔首相の人選は〕木戸内府、近衛公、吉田外相を中心に進められた。吉田外相がマッカーサー司令部にサザーランド参謀長を訪問するなど、米軍司令部の内意が確かめられていた。」

対米従属路線が露骨に出ています。「進んで米国の対日政策にしたがって行こうとする熱意ある人」が首相の条件です。そして吉田茂が米側との窓口になっています。

では、占領軍側は吉田首相をどの様に見ていたでしょうか。連合国最高司令官総司令部（GHQ）の中で最も力を持っていたのが、民政局局長ホイットニーと参謀第2部（G2）部長として諜報・保安・検閲を担当したウィロビーです。ウィロビーは著書『知られざる日本占領　ウィロビー回顧録』のなかで、吉田とどの様な形で接触していたかを、犬丸徹三・帝国ホテル社長の談話を引用する形で書いています。

「ウィロビーはたいへんな吉田びいきだったねえ。

帝国ホテルの部屋へ、吉田さんは裏庭から忍ぶようにしてやって来たりしたよ。裏階段を登ってくる吉田さんとバッタリということが何度もあったな。

あのころは、みんな政治家は米大使館（マッカーサーの宿舎）には行かず、ウィロビーのところで総理大臣になったり、あそこで組閣したりだ〔った〕」

■占領下の中で、日本の主要機関の全てで米国との協力者が存在する体制が作られました。

第二次大戦後、日本政治の異常さは、戦争に関与し、戦争犯罪者として処罰の対象になるとみられる層に、対米協力の強硬な層が出来たことでした。この協力は、自発的なものというより、占領体制に屈した側面を持つので、関係者は語りたくありません。同時にこれらの人々は日本社会の中枢ですから、日本社会全体としても、沈黙してきました。

（1）その代表者は昭和天皇であったと思われます。終戦直後、米国国内では、昭和天皇の死刑を望む声がとても強かったのです。1945年6月ギャロップ社が行った天皇に対する扱いは処刑33％、戦争犯罪人としての裁判17％、無実（たんなる飾りであった）３％です。こうした中で、処刑を避ける意味からも、昭和天皇は極めて強い米国支持の方針を持たれたと思います。代表的な例を二つ紹介します。

（い）沖縄を米軍に長期租借させることを天皇側から提案

「天皇の顧問、寺崎英成氏が訪ねてきて、米国が沖縄の軍事占領を継続するよう天皇が希望し、沖縄の軍事占領は、日本に主権を残したままでの長期租借―二五年ないし五十年、あるいはそれ以上―の擬制にもとづいてなされるべきであると考えている」（マッカーサー司令部政治顧問シーボルト）

（ろ）米軍基地返還を求める重光外相にくぎをさす

１９５５年７月重光外務大臣はアリソン駐日大使と会談して、米軍撤退についての具体的な要請をしています。

①米国地上軍を6年以内に撤退させるための過渡的諸取り決め

②米国海空軍の撤退時期についての相互的取り決め、ただし、遅くとも地上軍の撤退完了から6年以内

③日本国内の米軍基地と米軍は、ＮＡＴＯ諸国と結んでいる諸取り決めと同様な取り決めのもとで、相互防衛のためだけに使用されること

④在日米軍支援のための防衛分担金は今後廃止する。

重光外務大臣は１９５５年8月米国を訪問し、ダレス国務長官と交渉を行いました。重光はこの会談にのぞむ前に、昭和天皇に内奏しています。『続 重光葵日記』に天皇の言葉を紹介しています。

「八月二〇日　渡米の使命について細かく内奏し、陛下より駐屯軍の撤回は不可であること、ま

た知人への心のこもった伝言を命ぜられた」（参考文献：孫崎享著『戦後史の正体』）

（2）岸信介元首相のケース

占領初期の時代、米国の最大の狙いは日本を再び戦争が出来ない国にすることでした。その一環として第二次大戦に関与した人々を戦犯として巣鴨刑務所に収監しました。

しかし米国がソ連を敵とする冷戦が始まりますと事態が変わります。岸信介氏は、対米戦争を仕掛けた東條内閣で商工大臣でしたので、当然戦犯の対象になり、巣鴨刑務所に入っていました。しかし、冷戦で事態が変わります。岸信介氏はその拘置所のなかでの気持ちを、『岸信介証言録』で次のように書いています。

「冷戦の推移はわれわれの唯一の頼みだった。これが悪くなってくれれば、首を絞められずにすむだろうと思った。」

つまり、「冷戦が勃発し、米国はソ連と対抗するのに自分の利用価値を見出す、その時には自分は殺されなくてすむ」という考えです。岸信介氏は首相時代も含め、米国との緊密な関係を追求していきます。

（3）外務省

外務省に1957年外務事務次官、1958年から64年までは駐英大使を務めた大野勝巳という人がいました。彼は1978年に『霞ヶ関外交』を出版しています。ここから引用します。

「占領軍は日本に指令を出し、いっさいの外国との接触を禁止すると命じてきた。それからずいぶん長い時間が経過した。その結果、すべてのことが占領軍まかせになった。日本の政治家も官僚も、外交とは占領軍を相手とした渉外事務にすぎないという程度の認識しかもてなくなったのである。」

「日米安全保障体制を金科玉条として、万事アメリカにおうかがいをたてる、アメリカの顔色を見て態度を決めるという文字どおりの対米追随的態度は、日本人のなかにしっかりと定着したのである。」

「その結果、外交に必要な外交感覚などということは影をひそめてしまった。要は占領軍当局への従属関係あるいは服従関係をいかにうまく進められるか、できるだけ占領軍のよい子になろう、ということ、これが外交だというように考えられるようになり、それが一般化してしまった。ここでは外交の経綸などというものは片鱗だに見られなかったことはいうまでもない。日本は独立の地位を回復したが、急に外交感覚をとり戻せといったところで、長い惰性が働いているからそれもなかなか無理であって、あいもかわらず占領軍の中枢勢力であるアメリカ任せの姿勢がつづいたのである。ひとたび自主独立の精神を喪失すると、ふたたびとり戻すのがいかに難しいか思いしらされたものである。」

（4）検察官僚

検察官僚は多くの官僚と異なり、特異の力を持っています。彼らが起訴をすれば首相ですら有罪にすることが出来ます。戦前、戦後を通じて、日本の政治に大きい影響を与えます。

戦前は「思想検事」として、政治活動をする者を、治安維持法違反、治安警察法違反、大逆罪、内乱罪、外患罪、騒擾罪その他、殺人罪、傷害罪等で取り締まりました。日本の戦前の体制を支える柱ですから、当然戦後は「公職追放」で政府の要職や民間企業の要職につくことが禁止されました。

しかし、日本を冷戦の中で使うことになると、彼らの利用価値が出てきます。戦前「ゾルゲ事件」というものがありました。私自身は、この事件は東條陸相が近衛首相を追い落とすために作った冤罪事件とみなしていますが（参考『日米開戦へのスパイ』）、このゾルゲ事件を担当した、つまり「思想検事」であった井本臺吉、布施健は戦後、検事総長になっています。

米軍を日本国憲法でどのように位置づけるかは極めて重要な問題ですが、最高裁判所が１９５９年砂川事件判決で「日米安全保障条約のように高度な政治性をもつ条約については、一見してきわめて明白に違憲無効と認められない限り、その内容について違憲かどうかの法的判断を下すことはできない」という判決を出しました。この裁判の検事に井本臺吉氏がいます。ここでも、対米協力により、本来追放される人が日本政治の要に復権する構図があります。

（５）経済界

占領政策の大きな柱に、財閥解体がありました。５大財閥（三井、三菱、住友、安田、富士）は解体され、主要親会社67社、子会社および孫会社３６５８社が整理され、さらに財閥会社が株主として重要な地位を占めていた３９５社も整理されました。

しかし、財閥解体には別の目的もありました。それは米国に協力することにまったく抵抗のない人びとを、日本の経済界の中心にすえつけるということです。

その一つに経済同友会があります。この設立時のメンバーが、このあと20年、30年と、日本の経済界の中心になっていきます。その中には次の人々がいます。櫻田武（日経連会長）、小林中、水野成夫（フジテレビ初代社長）、永野重雄（新日本製鐵会長）、鹿内信隆（フジサンケイグループ会議議長）、藤井丙午（新

日本製鐵副社長)、堀田庄三(住友銀行頭取)、諸井貫一、正田英三郎(美智子妃殿下の父)、麻生太賀吉(麻生太郎元首相の父)。

こうした経済人は、経済界だけでなく、政界にも強い発言力を持ちます。戦後の戦犯や追放対象者が多く出るなか、彼らの多くは親米路線を歩みました。

（6）マスコミ

マスコミも戦争遂行を国内で煽った人々でした。当然取り潰しの可能性があります。従って生き残りのために、対米協力を前面に出さなければなりません。

読売新聞社主、正力松太郎氏に関して、ウィキペディアは「正力はCIAと利害が一致していたので協力し合うことになった。その結果、正力の個人コードネームとしてpodamが与えられ、組織としての読売新聞社、そして日本テレビ放送網を示すコードネームはpodaltonと付けられ、この二者を通じて日本政界に介入する計画がOperation Podaltonと呼ばれた。これらの件に関する大量のファイルがアメリカ国立第二公文書館に残ることになった」と記しています。

朝日新聞の関係では、同じくウィキペディアは、朝日新聞社副社長・主筆であった緒方竹虎について、有馬哲夫氏は、「CIA初代局長だとされるポール・ブルームが、高校・大学・朝日新聞時代の後輩だった笠信太郎との関係を通して緒方を協力者に引き込んだとしている。また、1952年10月の衆院選で当選し吉田内閣の官房長官に就任した緒方はただちにCIA局員と接触を開始し、日本政界の情報提供及び、辰巳栄一元陸軍中将の情報活動報告を条件として、その見返りに日本版CIA設立を目的とした3万9458ドルの資金援助をCIAから受け取っており、CIAから資金提供を受けて活動した日本で初の政府高官が緒方であったと述べている」と記しています。

ＣＩＡ等の情報機関が関係を持つのと国務省が関係を持つのとどこが違うでしょうか。情報機関の人的関係は「非合法、反道徳的基盤の上に人的関係を作る」ことです。

（７）学会

松田武著『戦後日本におけるソフトパワー―半永久的依存の起源』は日本人のアメリカ研究者の動向を記しています。

・１９４６年6月29日に23名の研究者が立教大学の構内にあるアメリカ研究所に集合した。目的は、アメリカ学会創立の準備にあった。

・「協力」がキーワードになった。「アメリカ学会」は理解と支援をマッカーサーに依頼した。

・「アメリカ研究」には合衆国に批判的ないかなる言辞も総司令部から許されなかった。

日本の米国学会が、米国に対して「批判的ないかなる言辞も総司令部から許されない」状況でスタートしたのです。批判をしない学会は、本来の学会ではありません。

日本の政界、官僚機構、特に外務省と検察、経済界、マスコミ、学会が「アメリカに協力する」「批判はしない」体質であったことがお判りになると思います。それぞれの指導者は自分と同じ価値観を持つ人を後継者に選ぶのが通例です。従って日本社会全体に「米国と協力」を最重視する傾向がゆきわたり、その系譜は今日まで続いています。

2、サンフランシスコ講和条約と米国の戦略

日本がサンフランシスコ講和条約署名後、最初に行った事は米軍の基地を認めることです。それも「われわれ（米国）が望むだけの軍隊を、望む場所に、望む期間だけ駐留させる権利を確保する、それが米国の目標である」という方針で締結されました。

今日、日本の国民は「日本に米軍基地があるのは日本を守るため」と思っています。日本に対し、武力攻撃が発生した場合、自衛隊と米軍はどの様に対応するのでしょうか。これを決めたものに「日米防衛協力のための指針（2015・4・27）」があります。ここでは次のように定められています。

「**自衛隊は、日本及びその周辺海空域並びに海空域の接近経路における防勢作戦を主体的に実施する。米国は、日本と緊密に調整し、適切な支援を行う。米軍は、日本を防衛するため、自衛隊を支援し及び補完する。**」

よく、「米軍が日本の基地からいなくなったら日本は自国をどの様に守ったらいいのか」という質問が出されます。でも、現在日本を「主体的に」守っているのは自衛隊なのです。

それは一寸考えてみれば判ります。ロシアが日本の領空に異常接近する時があります。スクランブル（緊急発進）が行われます。それは米軍機ではありません。小松基地などから自衛隊機が飛び出ます。北朝鮮の不審船が能登沖に出没する時には、海上保安庁の巡視船がでます。尖閣諸島の日本側海域に中

国の漁船や軍艦が侵入した時には海上保安庁の巡視船や海上自衛隊の艦船が出動します。米軍機や米軍艦が出動することはありません。自衛隊や海上保安庁が「主体的に」行動しているのです。

米海軍の第七艦隊の旗艦船が横須賀にいます。横須賀を守るためにいるのでしょうか。太平洋、インド洋、時にアフリカ周辺を守るためにいるのです。米軍は、自己の世界戦略のために日本に基地を持つのであり、日本を守るのを主目的とはしていません。

私達はこの本の「はしがき」の部分で、日米地位協定では日本は本来、米軍基地の負担をすることが予定されていない、米軍が全額払うことが予定されている（「日米地位協定」第24条1 日本国に合衆国軍隊を維持することに伴うすべての経費は合衆国が負担することが合意される）のを見てきましたが、何時の間にか、日本国内に①米軍は日本を守っている、②従って基地負担は当然だという考えが広がってしまいました。

世界を見ると、外国軍がいる国はほとんどありません。外国軍がいない、それは独立国の一つの判断基準です。それは1945年8月日本がポツダム宣言を受諾した時から予定されている事だったのです。ポツダム宣言十二項は次の規定を持っています。

「責任ある政府が樹立せらるるに於いては連合国の占領軍は直に日本国より撤収せらるべし」

では日本が独立した時、どうしてポツダム宣言の「連合国の占領軍は直に日本国より撤収せらるべし」が実施されなかったのでしょうか。

サンフランシスコ条約は1951年9月8日、サンフランシスコの華麗なオペラ・ハウスで、日本と48カ国の代表が調印して結ばれました。同日、サンフランシスコ郊外にある第6軍の基地の下士官クラブで吉田首相とアチソン国務長官等と日米安保条約が署名されました。

この署名に先立ち、1951年1月25日ダレス国務省政策顧問が訪日し、日米交渉が開始されます。ここでダレスがどのような姿勢で日本との交渉にのぞんだか、豊下楢彦著『安保条約の成立』は次のように書いています。


「一九五一年一月二六日、日本との交渉に先立ち、ダレスは最初のスタッフ会議において『われわれは日本に、われわれの権利を確保できるだろうか、これが根本問題である』と指摘した。」


歴史学者のシャラーも『「日米関係」とは何だったのか』の中で同じことを書いています。「そしてダレスのスタッフたちはつづく二週間半をこの回答を得るためについやした」と。

つまり1951年2月の段階で、米国は日本から「われわれが望むだけの軍隊を、望む場所に、望む期間だけ駐留させる権利」を勝ちとったということです。

重要な部分ですので、合意文章を見て見ましょう。日米行政協定第2条は「1日本国は、合衆国に対し必要な施設及び区域の使用を許すことに同意する」とし、「日米は前記の施設及び区域を日本国に返還又は新たに施設及び区域を提供することを合意することができる」としています。「望むだけの軍隊を、望む場所に」は「必要な施設及び区域の使用を許すことに同意する」という条項でカバーしていますし、「望む期間だけ」は「返還を合意することができる」でカバーされています。合意しなければ「望む期間だけ」置けることになります。

岡崎久彦氏が述べられたこと、「先ず超大国（米国）の戦略を見る、そしてその戦略の中で個々の国の位置づけを見る」、それは日米関係にも当てはまります。

岡崎久彦氏が外務省国際情報局長（彼は分析課長も経験）の時、私はこの局の分析課長でした。彼は次のように話していました。

「自分はかつて、ソ連や中国や北朝鮮の専門家の意見を聞いて情勢判断を行っていたが、よく間違えた。しかし途中から『先ず米国の戦略を見る、そしてその戦略の中で個々の国の位置づけを見る』ことを行った。それ以降情勢判断はほとんど間違っていない。」

私も、外務省で、分析課長や国際情報局長をしていた中で、①超大国の戦略（米国は何を存亡に関わる問題と位置づけているか、それにどう対応しようとしているか）を見極め、②それとの関係で各々の地域がどのような意味を持つかを考える習慣をつけました。これが戦後の日米関係に当てはまります。

戦後米国は日本とドイツを再び戦争出来ない国にすることを最重要視しました。この中で日本を民主主義国家にし、憲法で「国権の発動たる戦争と、武力による威嚇又は武力の行使は、国際紛争を解決する手段としては、永久にこれを放棄する。前項の目的を達するため、陸海空軍その他の戦力は、これを保持しない。国の交戦権は、これを認めない」条項を入れさせました。

しかし冷戦が始まりますと、ソ連軍に対抗するため、米国は日本に軍事基地を持つことを最重視しました。そして日本の国家体制も米国と軍事協力することに積極的な人々を配置してきました。象徴的なのは戦犯として処刑されるはずであった岸信介が首相になり、戦前「思想検事」で戦争遂行体制を確立していった検事、井本臺吉や布施健が検事総長になり、井本臺吉は米軍駐留は憲法上疑念がないとの理論構築を行い、布施健は米国のキッシンジャーに嫌われた田中角栄元首相を有罪にする画策に参加するのです。

米国の対日政策は、米国が最大の敵、ソ連にどのように対処しようとするのかということで、変化してきました。

1991年12月25日にソ連は崩壊しました。米国が主敵とみなしていたソ連がなくなったのです。その時、米国の戦略はどう変化したでしょうか。

ソ連は1991年12月25日に崩壊しますが、その前にソ連経済は壊滅的状況になっています。アメリカを敵国として超過剰な軍事費支出を行ってきたことが崩壊の大きな理由でした。国防費がGDPの50%にのぼっていたという評価すらありました。「国防を充実させることで国が負担に耐えられず崩壊する」というのは皮肉なことです。その中、ゴルバチョフ大統領等は過剰な軍事傾斜の方針を切り替えます。

この時期アルバートフ米加研究所所長が1987年12月8日ニューヨーク・タイムズ紙に興味のある発言をします。

「我々は米国に対して『秘密兵器』を持っている。我々はもう米国を敵と位置づけるのを一方的に止める。もしソ連という敵が存在しなくなったら、米国の軍事支出や対外政策は一体どうなるか。」

ソ連は言葉だけでなく、戦略核兵器の一部を一方的に破棄するなど、「米国を敵」としない政策を実施していきます。当然米国の国防政策の変更を主張する声が出ます。1989年12月13日付のニューヨーク・タイムズ紙は、「マクナマラ元国防長官は上院予算委員会でソ連の脅威が減じたいま、3000億ドルの国防予算は半分に減らせる、この資金は経済の再構築に回せると証言した」と報じます。

1989年年8月7日付『ビジネス・ウィーク』誌国際版は、世論調査結果として「この国（米国）に対する将来の脅威はどちらが深刻か」との問いに、日本の経済的脅威は68％、ソ連の軍事的脅威は22％と報じました。また、「どの国が米国に最大の脅威を与えているか」というPEW研究所の調査でも、90年5月のソ連に代わり92年2月には日本が最大となっています（日本31％、ロシア〈ソ連〉13％、イラク12％、中国8％、イラン7％）。

1991年シカゴ外交評議会が実施した米国世論の対外脅威認識は表の通りです。

「米国への死活的脅威」

	大衆	指導者層
日本の経済力	60%	63%
中国の大国化	40	16
ソ連の軍事力	33	20
欧州の経済力	30	42

日本の経済的脅威は多くの米国人に認識されます。日本車が米国に溢れ、「ビッグ・スリー」と言われた自動車企業、GM、フォード、クライスラー、米国鉄鋼業界が存亡の危機に襲われます。1989年三菱地所がニューヨークの象徴的建物ロックフェラー・センターを買います。同じく1989年ソニーがコロンビア映画会社を買収します。日本が米国にとっての最大の脅威とみられたのも当然でした。

1990年代はじめには米国の安全保障をソ連の脅威で構築することは不可能です。ここで米国は安全保障政策上大きく分けて二つの選択肢を持ちます。

一つは、マクナマラが指摘したように、「ソ連の脅威は減少した、よって、米国の安全保障に対する脅威も減少したとして、国防費を削減する。そこで浮いた資金を国内の経済部門に回す、いわゆる平和の配当論を採用する」という選択です。

もう一つは、「新たな脅威認識をする」という選択です。当時参謀総長の地位にあったパウエルは「米国の軍事力―今後の課題」（『フォーリン・アフェアーズ』誌1992年・93年冬号）で次の考え方を表明します。

「米国ほどの力を持つ国は他に存在しない。他の国から力を行使することを期待されるのは米国だけだ。我々はリーダーシップをとることを義務付けられている。米軍の存在なくして米国がリーダーシップを発揮することは不可能である。89年世界は激変した。我々は米軍の優れた能力を損なうことなく、この変化に対応するにはどう再編すべきかを検討し始めていた。」

議論を積み重ねた結果、1992年クリントン大統領の下、新たな軍事戦略「ボトムアップレヴュー」が作成されます。

・重点を東西関係（米ソ関係）から南北関係に移行する
・イラン・イラク・北朝鮮等の不安定な国が大量破壊兵器を所有することは国際政治上の脅威になる。したがってこれらの諸国が大量破壊兵器を所有するのを防ぎ、さらにこれらの国々が民主化するため、必要に応じて軍事的に介入する

・軍事の優先的使用を志向する
・同盟体制を変容させる。

この「同盟体制を変容させる」という所が日本にとって重要です。どう「変容させる」のか。ここで、先の「米国への死活的脅威」の表（111頁）をみて下さい。指導者層の認識で最大の脅威は「日本の経済力」であり、「欧州（特にドイツ）の経済力」です。冷戦後もアメリカが軍事力の強化に努め、他方経済的脅威になっていた日本、ドイツが軍事に関与せず、経済に専念したらどうなるでしょうか。米国への死活的脅威はますます強固になります。ここから、「同盟体制を変容させ」、日本を軍事にまき込ませる作戦が始まります。

冷戦の後、細川政権の下、日本では日米同盟の重要性を低く見る「樋口レポート」が作成されます。

1992年クリントン大統領の下、新たな軍事戦略「ボトムアップレヴュー」が作成され、日本とドイツを米国の軍事戦略に巻き込む方針が決定されます。

では当時日本ではどういう状況でしたでしょうか。1993年8月細川護熙氏が首相になり、非自民・非共産の連立政権である細川内閣が発足します。1955年の結党以来38年間政権を維持し続けた自由民主党は初めて下野することになりました。

ここで、新たな流れが出ます。細川首相は樋口廣太郎アサヒビール会長を座長とする防衛問題懇談会を立ち上げます。樋口レポート作成の中心的役割を果たしたのが、西広元防衛事務次官です。西広氏は冷戦後の安全保障は、「いかに敵を減らし味方を増やすかである」との信念を持ち、多国間枠組みの推進者となります。樋口レポートは、「冷戦が終結し新しい世界が展開しているのに対応し、まず第一に世界的並びに地域的な多角的安全保障体制を促進する。第二に日米安保関係を充実する」と提言します。

この提言は1992年以降に構築されてきた米国の新戦略とは矛盾します。米国の新戦略は、(1)唯一の超大国としての米国の地位を、十分な軍事力で、永久化させる、(2)この目的達成のため、集団的国際主義は排除する。危機において米国が単独で行動できるようにする、(3)同盟国の日本にはこの体制に協力させる、こうした内容を持っています。樋口レポートはこの米国の方針とは明らかに異なります。

米国は樋口レポートに危機感を持ちます。細川政権は1994年4月28日に崩壊します。この崩壊に米国が関与しています。西広元防衛事務次官は1995年12月癌で死亡します。防衛事務次官であった畠山蕃氏は1995年6月癌で死亡します。

この混乱の後、米国は日米関係を含む「東アジア戦略レポート」をまとめ、日本に対し、防衛大綱がこれとの整合性を持つことを求め、日本は1995年11月新防衛大綱を採用します。この時の中心人物は秋山昌廣防衛局長です。こうして冷戦の後日本は独自の選択をしようとしますが、それはかなわず、安全保障で極めて米国と一体になる政策を遂行します。

自衛隊を米国の戦略の下、海外で戦わせるようにするのに米国は何に苦心したでしょうか。先ず自衛隊を人道支援、災害援助活動に使い抵抗感を減らして、その後有事（武力行使）に使うのです。

私達はソ連崩壊の後、米国が新しい戦略の中で、日本を軍事的に参加させようとする考えを持ったことを知りました。しかし、日本には自衛隊の海外展開を難しくする憲法があります。国民も、自衛隊が海外で戦うのには反対です。

この中、米国は何を考えたでしょうか。米国国防省にポール・ジアラという人物がいました。１９９０年代初期、日米安全保障面の責任者である国防省日本部長の任にいた人物です。このジアラは論文「新しい日米同盟の処方箋」（１９９９年）で次のように記述しています。

「新ガイドライン（日米防衛協力のための指針、１９９５年11月の日本の「防衛計画の大綱」及び「日米安全保障共同宣言」を踏まえて指針の見直しが行われ１９９７年9月締結）に盛り込まれた国連のPKO、人道支援、災害援助活動はいずれもグローバルな日米協力を視野に入れたものである。

このような頻繁に起こり、緊張度の低い作戦行動を共同で行うことは、同盟の性質を転換させるために不可欠な実際上の手続き、作戦面での政治プロセスを制度化する可能性を持つからである。

PKOや人道支援、災害援助などの分野は政治的に受け入れられやすいこともあり、共同で行うことは同盟の結束を促す上でよい機会である。

人道支援面などで作戦を日常的に行うことは、はるかに緊張度の高い有事への作戦の準備としても絶好の訓練になる。このような活動で求めるものは軍事有事と共通である。二国間の政治機構、調整手順は有事に適用可能である。」

こうした文書は、堅苦しい調子で書かれているため、一見わかりにくいのですが、意図は明確です。

①日本国民は自衛隊を海外で武力行使させるには反対である。

②それなら先ず、自衛隊を海外での人道支援や災害援助に使おう。日本国民もこうした分野に自衛隊を使うのには反対できない。

③そうしていれば、日本国民は自衛隊を海外で使うことに抵抗がなくなる。

④そして頃合いをみて有事（武力行使）に使おう。

凄いと思いませんか。そしてこの筋書きに沿って日本は動いてきたのです。

この当時、日本の国民で、どれだけの人が、自衛隊の海外での人道支援や災害援助は、将来の有事（武力行使）のための準備期間であることに気づいていたでしょうか。

ほとんどの日本人は気づいていませんが、日本政府は2005年に「日本は国際的な安全保障の改善に貢献すること」を約束しています。

私達は、米国が自衛隊を世界の部隊で戦わそうとしているのを見てきました。そしてそれは公式の合意文書になりました。「日米同盟　未来のための変革と再編」という文書です。２００５年10月29日、日本の町村外務大臣、大野防衛庁長官と米国の国務長官、国防長官との間で結ばれました。でも、この文書の存在を知っている人はほとんどいません。

「役割・任務・能力」では「地域及び世界における共通の戦略目標を達成するため、国際的な安全保障環境を改善する上での二国間協力は、同盟の重要な要素となった」と記し、「この目的のため、日本及び米国は、実効的な態勢を確立するための必要な措置をとる」と約束しています。

この文書は様々な問題点を持っていますが、「国際的な安全保障環境を改善する上で」という点についてだけ、考えて見ましょう。「国際的な安全保障環境を改善する上で」という表現に疑問を持つ人はいないと思います。でもここは極めて重要な意味を持っているのです。

「国際的安全保障」を考える際、最も重要な国際約束は「国際連合憲章」です。国連憲章第２条は「すべての加盟国は、武力による威嚇又は武力の行使を慎まなければならない」とあります。そして第51条で「この憲章のいかなる規定も、国際連合加盟国に対して武力攻撃が発生した場合には、個別的又は集団的自衛の固有の権利を害するものではない」としています。

だんだん、お判りになってきたと思います。国連憲章は、そもそも「武力による威嚇又は武力の行使を慎まなければならない」とした上で、武力の行使は「武力攻撃された時に」、自衛権で軍事行動することが出来ると、武力の行使を極めて限定的にしています。

「日米同盟　未来のための変革と再編」に書かれた「国際的な安全保障環境を改善する」という目的には限度がありません。２００３年イラク攻撃開始直後、米国の圧倒的軍事力に誰もが疑義をはさまなかった時期、ライス国家安全保障問題担当大統領補佐官は中東の混乱はこの地域に民主化が進んでいないためだとして、サウジアラビア、エジプトを含め、中東の民主化を促進することを表明しました。当然軍事力を後ろ盾にしています。これも「国際的安全保障環境を改善する」一例です。

3、安保条約でアメリカは日本を守るのか

■先ず日米安保条約の法律的義務の視点を見てみます。

安保条約第五条には次のように記載されています。

「各締約国は、日本国の施政の下にある領域における、いずれか一方に対する武力攻撃が、自国の平和及び安全を危うくするものであることを認め、自国の憲法上の規定及び手続に従つて共通の危険に対処するように行動することを宣言する。」

これを読んで、多くの日本国民は「米国は日本を防衛する義務を負った」と考えます。しかし、よく見てください。「自国の憲法上の規定及び手続に従つて共通の危険に対処する」と書かれています。

また、議会の権限を規定する、米国憲法の第1条8節11項には「戦争を宣言し」とあります。戦争宣言の権限は大統領にはなく、議会にあるのです。したがって日米安保条約は「米国議会がOKしたら戦争します」と言っているにすぎません。第二次大戦後、米国はさまざまな軍事展開をしてきましたが、

議会の意志を無視して戦争状態に入ったことはありません。議会は当然、世論の動向を反映します。

キッシンジャーは米中国交回復の前に周恩来首相と会談しています。1971年10月22日の会見で、キッシンジャーは次のように発言しています。

「我々が日本を防衛したいと思えば、防衛することはできます。核の時代においては、国家が他の国を防衛するのは条約があるからではありません。自国の国益が危険に晒されているからなのです」（『周恩来キッシンジャー機密会談録』）

「条約があるから米国は日本を守る」との日本国民の判断は、制度的に見ますとそうなってはいません。

米国民は尖閣諸島で日本側について中国と戦うのを支持するでしょうか。

2015年10月言論NPOが【日米中韓4カ国共同世論調査 結果報告書】を発表しました。この中で、【アメリカ人が考える米国軍隊の派遣を正当化できる問題】で、「尖閣諸島をめぐる日中の軍事衝突」で、「正当化できる」が33％、「出来ない」が64％です。

アメリカ軍は何のために日本にいるのだと思いますか

目的の選択	米国	日本
日本を防衛するため	9%	42%
アメリカの世界戦略のため	59%	36%
日本が軍事大国になるのを防ぐため	24%	14%

朝日新聞社調べ（2010年12月24日）

じゃー、米軍は何のために日本に駐留しているのでしょう（前頁の表参照）。

軍事的に米中が尖閣諸島周辺で戦争すれば、今や、米軍が負ける状態が到来しているのです。

ランド研究所は、カリフォルニア州サンタモニカに本部を持つ米国屈指の軍事研究所です。ラムズフェルド元国防長官、ライス元国務長官、カールッチ元国防長官、ブラウン元国防長官、モンデール元副大統領等がランド研究所に関連した人々です。

このランド研究所が２０１５年、「アジアにおける米軍基地に対する中国の攻撃（Chinese Attacks on U.S. Air Bases in Asia, An Assessment of Relative Capabilities, 1996–2017）」と題したレポートを発表しました。主要論点は次の通りです。

○中国は軍事ハードウエアや運用能力で米国に遅れているが、重要分野で能力を高めている。
○中国は自国本土周辺で効果的な軍事行動を行う際には、米国に挑戦する上で全面的に米国に追いつく必要はない。
○特に着目すべきは、米空軍基地への攻撃で米国の空軍作戦を阻止、低下させる能力を急速に高めていることである。
○１９９６年の段階では中国はまだ在日米軍基地をミサイル攻撃する能力はなかった。
○中国は今日最も活発な大陸間弾道弾プログラムを有し、日本における米軍基地を攻撃しうる

１２００のＳＲＢＭ（短距離弾道ミサイル）と中距離弾道ミサイル、巡航ミサイルを有している。
○ミサイルの命中精度も向上している。
○滑走路攻撃と基地での航空機攻撃の2要素がある。
○台湾のケース（実際上は尖閣諸島と同じ）は嘉手納空軍基地への攻撃に焦点を当てた。台湾周辺を考慮した場合、嘉手納基地は燃料補給を必要としない距離での唯一の空軍基地である。
○２０１０年、中国は嘉手納基地攻撃で嘉手納の飛行を10日間閉鎖させることが可能であった。
○２０１７年には、中国は嘉手納基地を16〜47日間閉鎖させることができる。
○ミサイル攻撃は米中の空軍優位性に重要な影響を与える。それは他戦闘分野にも影響を与える。
○空軍を多くの基地に分散させるなどして、中国の攻撃を緩和することができる。
○米中の軍事バランス

	台湾周辺	南沙諸島
１９９６年	米軍圧倒的優位	米軍圧倒的優位
２００３年	米軍圧倒的優位	米軍圧倒的優位
２０１０年	ほぼ均衡	米軍圧倒的優位
２０１７年	中国優位	ほぼ均衡

尖閣諸島の軍事バランスでは、空軍力が最重要です。仮に米軍機が中国軍機よりはるかに勝っていたとしても、滑走路を破壊されれば終わりです。以上を見れば米国は日本を助けようと思っても、尖閣諸島上空では中国が制空権を取るのです。

この分析は航空自衛隊の戦闘能力でも同じことが言えるのです。如何に優れた戦闘機をそろえようと、飛び立つ滑走路を壊されれば、戦闘に向かうことすらできないのです。２０１８年12月「米国製の次世代ステルス戦闘機Ｆ35を中期的に１００機程度購入する方向で検討に入った」と報じられましたがここでも同じです。如何に優秀な戦闘機を揃えても、離陸する基地の滑走路が破壊されれば動けません。

日本は中国の核兵器から、米国の「核の傘」で守られていると一般的には認識されています。しかし「核の傘」など、初めからありません。

「日本は核の傘によって、ロシアや中国の核兵器から守られている」と言われるのを、私達はよく耳にします。今日、安全保障に関する議論で最も誤解されているのは「核の傘」です。

「核の傘」とは何なのでしょうか。もちろん、文字通りの「傘」が日本上空に漂っているわけではありません。ロシアや中国が撃ってきた核弾頭ミサイルを撃ち落とすシステムがあるわけでもありません。「核の傘」というのは概念です。図Aで説明したいと思います。

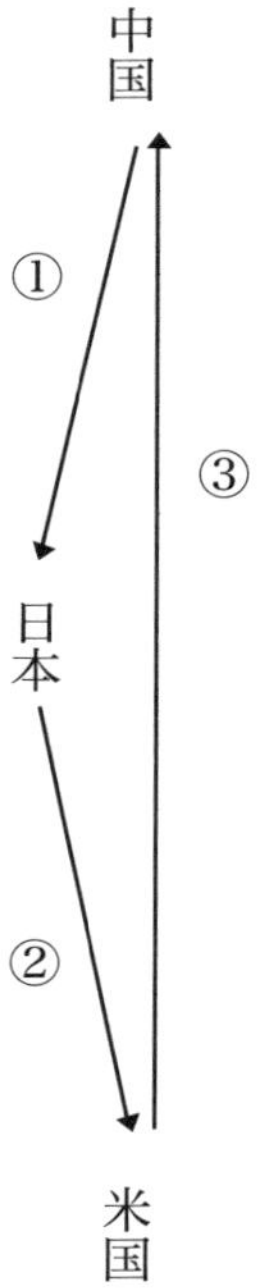

「核の傘」は次の手順を踏みます。

①特定紛争で日本が中国に合意しないと、中国は日本に「核兵器を撃つぞ」と威嚇する。

②日本は米国に「中国から核兵器で脅迫されている。助けてくれ」と頼む。

③米国は中国に「日本を核兵器で脅すのを止めろ。日本を核攻撃したら、その報復に中国の西安や杭州を核兵器で攻撃するぞ」と牽制する。

④中国は西安や杭州を核兵器で攻撃されたらたまったものでないので、日本に対する核攻撃の脅しを取り下げる。

以上が「核の傘」と言われるものです。しかしこれが機能しない可能性があるのです。図Aに矢印を一つ追加します。

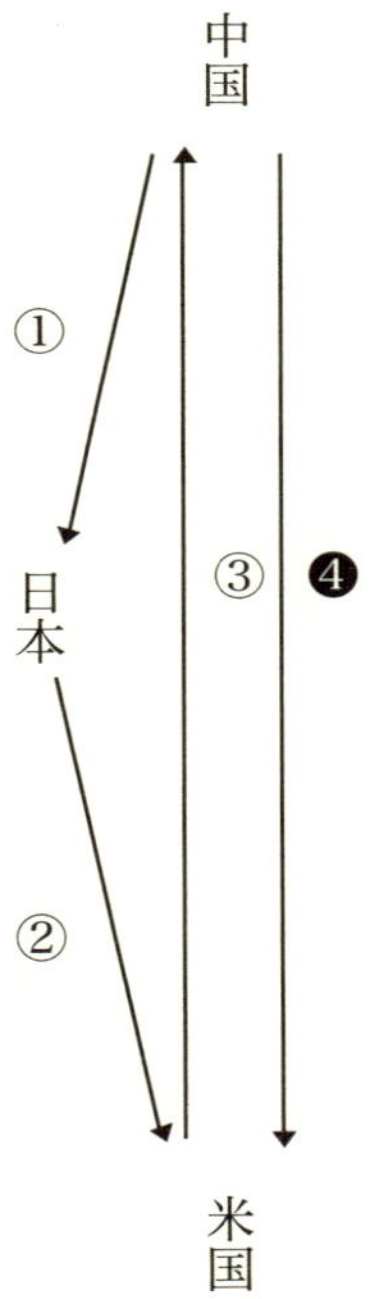

①から③までは図Aと同じです。①~③で完結すれば「中国は西安や杭州を核兵器で攻撃されたらたまったものでないので、日本に対する核攻撃の脅しを取り下げる」ことになります。でも図Bの場合、そうはなりません。

①特定の紛争で日本が中国に合意しないと、中国は日本に「核兵器を撃つぞ」と威嚇する。

②日本は米国に「中国から核兵器で脅迫されている。助けてくれ」と頼む。
③米国は中国に「日本を核兵器で脅すのを止めろ。日本を核攻撃したら、その報復に中国の上海を核兵器で攻撃するぞ」と牽制する。
④中国は米国に「西安や杭州を攻撃したら、米国本土のシアトルやユタ州を撃つぞ」と中国が応酬する。

この④が発生するケースは十分にありえます。そういう可能性を踏まえ、米ソ間の戦略交渉の中心人物であったキッシンジャー元米国務長官は代表的著書『核兵器と外交政策』（日本外政学会、１９５８年）の中で「核の傘はない」と主張し、こう指摘しています。

「全面戦争という破局に直面したとき、ヨーロッパといえども、全面戦争に値すると（米国の中で）誰が確信しうるか。米国大統領は西ヨーロッパと米国の都市五〇と引き替えにするだろうか。西半球以外の地域は争う価値がないように見えてくる危険がある。」

「核の傘があるかないか」は極めて重要なので、別の人物の発言も見てみたいと思います。国際政治学者モーゲンソウの著書『国際政治』（福村出版、１９８６年）は、米国の古典的リアリズムのバイブル的存在です。国際政治を研究する者で、この本を手にしたことのない人間はまずいないという位の本です。同書は核の傘に次の様に言及しています。

「核保有国Aは非核保有国Bとの同盟を尊重するということで、Cによる核破壊という危険性に自らさらすだろうか。極端に危険が伴う時にはこのような同盟の有効性に疑問を投げかけることになる。」

「核の傘」に疑問を呈しているのは学者のみではありません。「米国が日本に核の傘を与えることはありえない」と発言した人物がいます。元ＣＩＡ長官のターナーです。ターナーはアマースト大学、海軍士官学校卒、ローズスカラーとしてオックスフォード大学に留学し、ミサイル巡洋艦艦長、ＮＡＴＯ南部軍司令官、海軍大学校校長、大西洋を所管する第二艦隊司令官を経てＣＩＡ長官となっています。ミサイル巡洋艦艦長、ＮＡＴＯ南部軍司令官、第二艦隊司令官として、核兵器の実勢配備の責任者にあった人物です。

１９８６年６月25日付の読売新聞1面トップは、「日欧の核の傘は幻想」「ターナー元ＣＩＡ長官と会談」「対ソ核報復を否定。米本土攻撃時に限る」の標題の下、次の報道を行いました。

「軍事戦略に精通しているターナー元ＣＩＡ長官はインタビューで核の傘問題について、アメリカが日本や欧州のためにソ連に向けて核を発射すると思うのは幻想であると言明した。

我々は米本土の核を使って欧州を防衛する考えはない。

アメリカの大統領が誰であれ、ワルシャワ機構軍が侵攻してきたからといって、モスクワに核で攻撃することはありえない。そうすればワシントンやニューヨークが廃墟になる。

同様に日本の防衛のために核ミサイルで米国本土から発射することはありえない。

我々はワシントンを破壊してまで同盟国を守る考えはない。

アメリカが結んできた如何なる防衛条約も核使用に言及したものはない。

日本に対しても有事の時には助けるだろうが、核兵器は使用しない。」

キッシンジャー、モーゲンソウという米国の安全保障・外交理論の第一人者が、核の傘はないと明言し、米海軍第二艦隊司令官やＣＩＡ長官という重要ポストを経たターナーも同じことを述べているのです。

米国国務省員や国防省員は、日本を引きつけるために、あるいは有利な取引を得るために、ある種のリップサービスとして「核の傘を提供しています」と過去に言ってきました。おそらくこれからも言いつづけるでしょう。しかし米国が同盟国に「核の傘」を保証することが、米国の安全に重大な害を与える行為である以上、「核の傘」は存在しないと考えるほうが現実的です。

第二次大戦以降、日本は非核三原則を貫いてきました。その状況の中では、自衛隊員は、「本当は核を保有したいという願望があるのだろう」と非難されることを恐れ、核理論を勉強してきませんでした。リベラル勢力は「核兵器なんてとんでもない」と考えるばかりで、それについて知ることさえもタブーにしてしまい、核戦略を勉強しませんでした。

しかし核の傘など、はじめからなかったのです。

第五章

日本外交のあるべき姿の模索

1、「憎しみ合い」から「協力」へ

私はこれまで、日本外交の問題点を書いてきました。そして今日の日本外交が、基本的に米国に追随することに終始し、日本の国のために何をすべきかの考えが薄いままに、外交を進めてきたことを指摘しました。

ある日、ふとこの本で予定されるタイトルを眺めました。『13歳からの日本外交』。「13歳からの日本外交」なら、過去や現在の日本外交が如何に醜いかを説明しても、そんなに役立つとは思いません。過去や現在を話すにしても、将来に役に立つために言及したいと思います。

すでに見て来たことですが、私達は今日、誰もドイツとフランスが戦争するとは思いません。しかし、ドイツとフランスは第一次世界大戦と第二次世界大戦を戦いました。

両国は国民が「憎しみ合う」ことから「協力の利益を理解する」体制を作りました。戦争の原因となる資源である石炭と、武器を作る鉄を欧州で共通に管理する体制を築きました。この協力がどんどん広がり、ＥＵ（欧州連合）が成立しました。こうした中で、誰もドイツとフランスが戦争するとは思いません。

それでは、日本は近隣諸国との間で、「憎しみ合う」ことから「協力の利益を理解する」関係を作れないのでしょうか。この問をすると、「日本と中国は体制が違う。だから出来ない」という声を時々聞きます。しかし「憎しみ合う」ことから「協力の利益を理解する」に移行する際、体制が影響するでしょうか。協力は各々の体制とは関係なく構築できます。

「協力をすることによって武力紛争を避ける」方針を実施したのは、欧州だけではありません。日本の隣に位置するＡＳＥＡＮ諸国も同じなのです。

歴史的には、今日のＡＳＥＡＮ（東南アジア諸国連合）諸国は、欧州の列強の植民地にされてきた地域です。ＡＳＥＡＮ諸国は第二次大戦以降、決して安定した地域ではありませんでした。相異なる価値観、歴史的な異なりで、武力紛争が絶えない地域でした。インドネシアはオランダの植民地でした。シンガポール、マレーシアは英国の植民地、インドシナはフランスの植民地、フィリピンは米国の植民地でした。

かつ、文化もまったく異なります。インドネシアでは国民の約75％がイスラム教徒です。同じく、マレーシアはイスラム教を国教としています。タイは仏教徒が95％です。フィリピンは人口の90％がキリスト教徒です。中東ではキリスト教徒とイスラム教徒は共存できないと言われています。

政治体制も異なります。国内政治体制ではタイは国王を持ち、マレーシアは互選で任期5年の国王を選びます。同時に議会民主主義制度です。インドネシアとフィリピンは実権を持つ大統領がいます。シンガポールは大統領制を持ちつつ、実権は首相にあります。

第二次大戦後、この地域は各国が独立しますが、ASEANの多くの地域は不安定な状態で推移しました。インドネシアでは民衆の騒乱で、スカルノ、スハルト両大統領が失脚しました。タイではしばしばクーデターが起こっています。フィリピンでは1986年、100万人以上の民衆が参加したエドゥサ革命が起こり、マルコス大統領が失脚しました。

各国の国内をみれば不安定です。誰を指導者にするかだけではなくて、フィリピンは長く国内の共産勢力とも戦いました。加えて、ミンダナオ地区にイスラム教で統治する自治区を作ることを目的としたモロ国民解放戦線がありました。民族的にも宗教的にもイデオロギー的にも、多様なインドネシアは国内を統一することに苦心してきました。

国内情勢だけではありません。互いの国家関係は決して良好ではありませんでした。1962年から1966年、マレーシアとインドネシアのあいだには、独立に関係して、戦争が起こっています。マレーシアとシンガポールも独立に関連して対立がありました。マレーシアはマレー人優遇政策を採ろうとし、シンガポールはマレーと華人の平等政策を進めようとし、この対立から、シンガポールが独立する経緯がありました。ASEAN発足後の1968年から1969年にかけて、マレーシアとフィリピンの関係も悪化しました。

こうして振り返ってみると、東南アジアの地域が、その後も絶えず紛争を繰り返していても不思議はありません。しかしこの地域はいまや安定し、次世代でもっとも裕福な地域の一つになろうとしています。

どうして不安定な地域が安定に向かったのでしょうか。1961年にタイ、フィリピン、マラヤ連邦（現マレーシア）の3カ国が、東南アジア連合を作ります。1967年にはこの3カ国にインドネシアとシンガポールが加わり、ASEANが設立されました。ASEANは①友好、善隣、協力関係を発展させること、②平和な共同体の基礎を強化するため、経済成長への協力を行うこと、③武力行使を慎むこと、④紛争が生じた時には平和的に解決すること、などの原則を持ちました。

これらの原則は、体制や宗教が違ったら合意できないことでしょうか。合意できるのです。

勿論、地域主義が常に成功するとは限りません。2004年南米諸国連合が成立し、加盟国間の政治的対話の強化、南米統合の促進、地域貧困の撲滅、識字運動等を目指しましたが、2018年には内部の不統一が表面化しています。

私達は何のために地域統合をするかの目的を明確にする必要があります。私は「協力を促進することによって、軍事紛争を避ける」ことが最重要だと思っています。

2、歴史的事実は素直に認めよう

■その①事件の持つ重みは被害者と加害者では月とスッポン位違う。

日本が中国、韓国、北朝鮮との協力を推進しようとする際に必ず遭遇するのが歴史問題です。この歴史問題は1945年以前の問題、中国においては日中戦争での日本軍の行動、朝鮮半島においては日本の統治時代の問題です。日本軍における南京大虐殺、韓国における従軍慰安婦の問題が象徴的問題です。

起こった出来事は、1945年以前です。13歳の皆さんには、皆さんの祖父母の一つ前の世代「曾祖父母」の時の話です。私は祖父母と一緒に暮らしていないので、自分の人生で祖父母とどういう会話を交わしたか、ほとんど記憶にありません。まして、「曾祖父母」になると、私が生まれた時にはなくなっていましたので、どのような容貌の人かも知りません。誰かが、「貴方の曾祖父母に我々の祖先が酷い目にあった。謝罪しろ」と言われても、「それはないだろう」と思います。

ここで二つのことを指摘しておきたいと思います。一つは或る事件の持つ重みは被害者と加害者では月とスッポン位違うのです。

私がこのことに気づいたのは35歳頃です。私は1967年ロンドン大学でロシア語を学んでいたのですが、当時同級生に父が外交官という女子学生がいました。1976年、約10年後にロンドン大学に赴任になったので、この女子学生の家に面会を求めて電話をしました。家族からは「それは無理だろう」と言われました。「強姦に遭い、以降誰にも会っていない」ということでした。しばらくして電話があり、「会うと言ってます」ということで家に出かけました。でも彼女は全くの放心状態です。何の会話もありませんでした。加害者はそんな状態を招くとは夢にだに思っていないことでしょう。

私は2016年頃、日本大学の授業に招かれ「東アジアの安全保障」の講義をしました。質問の時間になって、日本の学生が誰も手を挙げない中で、中国の女子学生が質問しました。

「この話、私は日本人の友達に話していないのですが、私は上海から来ました。家に祖母がいます。祖母はもともと山東省で生まれたのです。でも日本軍が祖母の村にやってきて、人々を殺し、村を焼き払いました。それで彼女は家族と共に上海に来ました。先生はこの事件をどう評価しますか。」

私は小さい頃、父が何人かの知人と酒を飲んでいる場所にいました。突然、一人の男が笑いながら、自慢話を始めました。「中国で我々の部隊は村を襲った。村人は皆逃げてしまっていた。ふとみると籠の中に赤ん坊がいた。それで俺は赤ん坊の入った籠を近くの川に流したよ。ドンブラコ、ドンブラコと流れていったよ」と言って得意げに笑っていました。

外務省には日中戦争の頃、南京総領事館に勤めていた人がいました。大国の大使を務めた人です。私は彼に「南京虐殺をどう思いますか」と問いました。「虐殺があった頃私は南京にいなかった。でもこのことは言ってあげる。あの当時日本軍は食料品をもたずに、中国各地を襲っていた。食料品はどうするか。現地調達です。食料品を現地調達しようとすれば村人とどうなるか。戦う相手は殺します」。理不尽と思いませんか。

歴史の問題は学者や政治家など様々な人が発言しています。私はアグネス・チャンの発言を見て欲しいと思います。アグネス・チャンは1972年、「ひなげしの花」で、日本でデビューし、NHK紅白歌合戦に出て、ブロマイドの売上成績第1位の時もありました。彼女の著書『わたしが愛する日本』からの引用です。

私が生まれた香港は、1997年までイギリスの植民地だった。中国からアヘン戦争で香港を奪い取ったイギリスは、第二次大戦が終わっても、香港を中国に返還することはなく、そのまま植民地としていた。そのため、香港では、アヘン戦争以降の近現代史は学校で教えていなかった。1985年、私は、日本人である今の夫と結婚しようということになった。日本で結婚の噂がながれた。それで香港にいる母に報告すると同時に、長年応援してくれた香港のファンの皆さんのために、記者会見を開こうと帰国した。

会見当日は沢山の報道陣が集まった。いわゆる芸能記者だけでない。報道記者も沢山出席していた。会見が始まった途端のことだ。

いきなり「本当に日本人と結婚するんですか」と聞かれた。

「はい。おかげさまで」と答えたら、「じゃあ、もう一度日中戦争が起きたら、あなたはどっちの味方をするのだ？」という質問が飛んだ。

一瞬、頭の中が真っ白になった。結婚会見の場なのに、どうして戦争の話をきかれるの？　と考えている内に、よく知っている記者が立ち上がって、私を責めた。

「子供が生まれたら、その子は日本兵ですか、中国兵ですか？」

声がつまり、何も答えられない。とうとう私は泣き出してしまった。何故、今まで私を応援してくれた記者の人達が、急に私を敵のように見つめるのか。私が何か悪いことでもしたのか？　あの戦争はそんなにひどい戦争だったのか？　何十年も経っているのに、みんなの傷はそこまで深かったのか？

「戦争が起こらないように努力したい」私は真っ赤な目で答えた。すると、「嘘つけ！」「おまえなんか行っちまえ」という声が飛んだ。記者達の声は鋭い刃物の様に、私の心をつらぬいた。ただただ恥ずかしかった。私は大人なのに、どうして何も答えられないんだろうと悔しかった。私は、親を憎んだ。先生も憎んだ。なぜ、あの戦争について何も教えてくれなかったのか？　実際に、こんなにも大勢の人達の心の中に痛みが残っているのに、私の様な人間に対してまで怒りをぶつけてくるほど、傷が深い戦争だったのに。

以上がアグネス・チャンの話です。どうお感じになりましたか。

「痛み」を感じている人に、加害者側は「痛みはないはずだ」という発言はしないと思います。自分の非を素直に認める、でも実はこれはそう簡単なことではないのです。

■その②：南京事件

日本軍は中国に侵入した際、様々な場所と時期に、一般人を殺傷しています。南京事件はその代表的なものです。

南京事件は、1937年12月日本軍が中華民国の首都南京市を占領した際、当時の日本軍が南京城内や周辺地域の一般市民などに対して殺傷や暴行を行った事件です。様々な評価があります。証人を呼んで検討した、極東裁判での評価が、第三者の評価として最も信頼できるものとみられます。朝日新聞法廷記者団著『東京裁判下（松井石根元中支那派遣軍司令官に対する判決文中）』から引用します。

「南京が落ちる前に、中国軍は撤退し、占領されたのは無抵抗の市民であった。それに続いて起こったのは無力の市民に対して、日本の陸軍が犯した最も恐ろしい残虐行為の長期にわたる連続であった。日本軍人によって大量の虐殺、個人に対する殺害、強姦、略奪及び放火が行われた。

残虐行為が広く行われたことは、日本人証人によって否定されたが、いろいろの国籍の、また、疑いのない信憑性のある中立国証人の反対の証言は、圧倒的に有力である。

この犯罪の修羅の騒ぎは、1937年12月13日にこの都市が占拠された時に始まり、1938年4月の初めまでやまなかった。この6、7週間の期間において、何千という婦人が強姦され、10万人以上の人々が殺害され、無数の財産が盗まれたり、焼かれたりした。」

日中双方で、被害者の数を巡り論争が起こっています。この点について福田康夫元首相は講演会で、（南京事件について）見解が分かれる犠牲者数について議論する問題ではないとし、〝（事件が）あったことは事実。中国の全土にどれだけ被害を与えたか、日本人は考えなくてはいけない〟と述べています。（産経ニュース2018・10・5）

■その③：従軍慰安婦

中国に侵攻していた軍は、兵士が中国の婦女子を襲い、現地の治安が悪化することを恐れ、慰安所を管理します。吉見義明著『従軍慰安婦資料集』から、その存在を示す幾つかの資料を紹介したいと思います（注、カタカナ表記をひらがな表記にしています）。

（1）漢口陸軍天野部隊慰安所婦女渡支の件

野村外務大臣／花輪漢口総領事　昭和14年12月23日

軍慰安所開設のため婦女50名を募集し居る趣を以て右引率渡支許可方同県庁に願出たる者有。同県関係者側よりも之が斡旋ありたるに付、事情已むを得ずと認め、内諾を与えたる旨内務省より通報越したる処……」

（2）「渡支邦人暫定処理の件」打ち合わせ事項（1940年）

問　領事館なき地の軍より特殊婦人を呼び寄せんとする場合は如何にするや

答　当該軍の証明書に依り最寄領事館の証明書を受くることとす

（3）第一号証明書

右は当隊付属慰安所経営者にして今日慰安婦連行のため帰台せし者なり。

昭和15年6月27日

南支派遣塩田兵団　林部隊長　林義秀

（4）渡支那人の取締に関する件

１９４２年８月29日
朝鮮総督府警務局長
昭和17年上半期に於ける首題状況
別表の通に付参考迄（＊下の表）

以上幾つかの資料を示しました。

軍が慰安所を附属機関として持ち、営業時間、価格等の規則の作成に関与しています。また、慰安婦の連行には、外務省や内務省などが関与しています。「その当時と今日では価値観が違う」という指摘はあると思います。しかし、現代に生きる私達が、国家として慰安所の設置、維持に関与していたことを正当化は出来ません。私は従軍慰安婦の問題についてもツイートしていますが、リツイートのコメントです。

「強制連行の有無にかかわらず、金銭の受理の有無にかかわらず、制度として女性の性を利用することは、過去であれ今日であれ許されないという根本問題に目をつぶり、強制連行の有無に焦点をずらしても、国際的な理解は決して日本側に味方しません。」

		北支方面	中支方面	南支方面
料理屋	内地人	7	―	―
	朝鮮人	103	13	8
女給・仲居	内地人	21	―	―
	朝鮮人	160	33	20
芸娼妓稽	内地人	25	7	―
	朝鮮人	215	44	34

3、外交三原則の検討

■『外交青書』の動向

戦後、日本外交に「原則を打ち立て、それを意識して外交を進めるべきではないか」と考えた時がありました。主導したのは1957年外務事務次官についた大野勝巳です。経歴を見ますと、1953年マニラ在外事務所長としてフィリピンに赴任、その後1955年駐オーストリア公使、1956年駐西ドイツ大使、1957年外務事務次官を歴任し、1958年から64年までは駐英大使です。この本ではすでに彼の『霞ヶ関外交』の中で「万事アメリカにおうかがいをたてる。外交の経綸などというものは片鱗だに見られない」と日本外交のあり様を批判しているのを見ました。大野次官の指示を受けたのが斎藤鎮男氏です。

1957年『わが外交の近況』(俗称『外交青書』)の第一版が発行されました。ここで次のように記載します。

「外交活動の基調をなすものは、『国際連合中心』『自由主義諸国との協調』および『アジアの一員としての立場の堅持』の三大原則である。」

そして、「このような基調に立つわが国外交が現在当面する重要課題として、アジア諸国との善隣友好、経済外交、対米関係調整の三問題が挙げられる」としています。

『外交青書』の2018年版を見てみます。

「日本外交の六つの重点分野」

「日本の国益を守り増進するため、①日米同盟の強化及び同盟国・友好国のネットワーク化の推進、②近隣諸国との関係強化、③経済外交の推進、④地球規模課題への対応、⑤中東の平和と安定への貢献及び⑥「自由で開かれたインド太平洋戦略」を六つの重点分野として外交に取り組んでいく。」

日本外交は幾つかのターニング・ポイントを持っています。私は、一つは冷戦の終焉を契機としての体制の再構築です。今一つは、2005年日本の外務大臣と防衛庁長官、米国の国務長官と国防長官の間で締結された『日米同盟　未来のための変革と再編』が締結し、日本が国際的規模で自衛隊を海外で利用することを決めた時です。この二つの時期の『外交青書』を見てみます。

『1995年版外交青書』

第2章　分野ごとに見た国際情勢と日本外交

第1節　政治・安全保障

1．日本の安全の確保

(1)日米安全保障体制|日米安保体制の意義|

日本が、非核三原則を堅持し、必要最小限の防衛力を保持するとの政策の下、平和と繁栄を享受していくためには、日米安保条約に基づく米国の抑止力が必要である。また、日米安保体制は、国際社会における広範な日米協力関係の政治的基盤となっており、さらに、アジア太平洋地域における安定要因としての米国の存在を確保し、この地域の平和と繁栄を促進するためにますますその重要性は高まってきている。

⑵防衛力整備

⑶国際の平和と安定を確保するための外交努力

第2節　国際経済

第3節　地球規模問題及び国際交流

『2007年外交青書』

1．日本外交の新機軸（「自由と繁栄の弧」の形成）

麻生太郎外務大臣は、11月30日、「『自由と繁栄の弧』をつくる―拡がる日本外交の地平」と題する政策スピーチを行った。

この中で麻生外務大臣は、日米同盟の強化と国連の場をはじめとする国際協調、中国、韓国、ロシア等、近隣諸国との関係強化といった従来の日本外交の柱に加えて、自由、民主主義、基本的人権、法の支配、市場経済といった「普遍的価値」を重視しつつ、「自由と繁栄の弧」を形成することを新たな日本外交の柱として位置付け、外交の新機軸として打ち出した。

両者共、日米関係の重視を強く打ち出しています。1957年『わが外交の近況』に記載された「外交活動の基調をなすものは、「国際連合中心」「自由主義諸国との協調」および「アジアの一員としての立場の堅持」の三大原則である」と異なっているのがお分かりと思います。

「国際連合中心」「自由主義諸国との協調」および「アジアの一員としての立場の堅持」の三大原則は共存できるでしょうか。

1957年外務省は『外交青書』で「国際連合中心」「自由主義諸国との協調」および「アジアの一員としての立場の堅持」の三大原則を示しました。では、この原則は、お互い、併存できるのでしょうか。一見、相互には何の矛盾もないようです。戦後の日本外交の歴史を見ると、併存が難しい時が幾つかありました。「自由主義諸国との協調」を、もっと端的に「米国との協調」と「国際連合中心」と「アジアの一員としての立場の堅持」との併存が可能かを考えて見たいと思います。

「自由主義諸国（米国）との協調」および「アジアの一員としての立場の堅持」が両立しなかった時を見てみます。

歴代の日本外交で、微妙なのは中国です。米国にとっても、中国政策は微妙です。中国は大国ですから、米国は常に、中国に影響力を持ちたいと思っています（A）。他方、中国では共産党が中華人民共和国の建国を宣言し、自由主義陣営の雄である米国と対立します（B）。

米国ではこのAとBとの間で揺れます。日本の外交は、その時々の米国のAとBとの均衡点と一致する訳ではありません。ここで日米関係に緊張が出ます。その例を幾つか見てみます。

（1）田中角栄首相の失脚

1974年10月『文芸春秋』11月号が「田中角栄研究―その金脈と人脈」と題する論評を発表しました。この論評は田中首相がどうして巨大な資金を作りあげたかを克明に書いています。これが田中首相降ろしの始まりです。しかし、田中首相の主要な子分格が火消しを行い、田中下しは不発に終わります。10月22日田中首相が外国記者クラブで講演に出かけます。これは、本当は、フォード大統領の戦後初めての大統領訪日を取り上げるという趣旨でした。だが、ここでアメリカ人記者を中心に徹底的に「田中角栄研究―その金脈と人脈」の問題を追及します。朝日新聞と読売新聞は翌日、10月23日一面トップで大々的に報じます。「〝田中金脈〟追求へ動き急。政局に重大影響必至」が朝日新聞の見出しです。読売新聞も「政局に波紋を投げそうになってきた」です。朝日新聞と読売新聞が火をつけています。これに反田中の国会議員が歩調を揃えます。田中首相は12月9日首相を辞任します。

田中首相は、首相の座を降りますが、バックに田中派議員を抱え、勢力は衰えていません。首相を選ぶキングメーカーとして力を振るいます。それだけでなく、2年後位には首相復活すら考えているようです。

ここでロッキード事件が起こります。田中首相が辞めて1年3カ月後、1976年2月4日に米国議会の多国籍企業小委員会（チャーチ委員会）が、「ロッキード社が、全日空等世界各国の航空会社に自分の飛行機を売り込むため、各国政府関係者に巨額の賄賂をばら撒いていた」ということを明らかにしました。結局これが響いて、田中首相は有罪となり、政界から引退します。

田中角栄の追い落としには、外国記者クラブが動いたり、米国議会が動いたりして、アメリカが背後にいることを窺わせます。では本当に米国が田中角栄落としに動いたのでしょうか。そして、その理由は何だったのでしょうか。

中曽根康弘元首相は著書『大地有情』で次のように記述しています。

「キッシンジャーは私が首相を辞めた後ですが〝ロッキード事件は間違いだった〟と密かに私にいいました。キッシンジャーは、ロッキード事件の真相についてはかなり知っていたのではないでしょうか。」

キッシンジャーはニクソン大統領の下で、国家安全保障問題担当大統領補佐官になり、実質的に米国外交を取り仕切った人物です。このキッシンジャーが田中追い落としに動いたことは間違いないようです。では理由は何だったのでしょうか。

キッシンジャーにとり、人生最大の業績は1972年ニクソン訪中です。キッシンジャーは隠密外交を展開しニクソン訪中を実現しました。しかし、米国議会は米中国交回復には反対です。米中国交樹立は1979年まで実現できません。ところが、田中角栄が72年9月日中国交正常化を実現しました。結果としてニクソン訪中の実を横取りしたことになります。キッシンジャーは1972年8月の日米首脳ハワイ会談の直前にバンカー駐南越大使と会談し、ここで日本に対する怒りを爆発させています。

「裏切り者どもの中で、よりによって日本人野郎がケーキを横取りした（'Of all the treacherous sons of bitches, the Japs take the cake)」

自分が大事にしている中国市場を田中角栄首相に横取りされたことによって、田中角栄首相の追い落としを行ったのです。

（2）鳩山首相の「東アジア共同体構想」

私達はこの本で「第一次大戦と第二次大戦で戦ったドイツ・フランスについて、ほとんどの人が今戦争することはないと思っているのはなぜか」を問いました。そして、ドイツとフランスは意識的に「人々が憎しみあいから相互に協力することの利益を理解するように努力した」のを見ました。最初に「欧州石炭・鉄鋼共同体」を作り、それが今日の欧州共同体に発展しました。ここには米国は参加していません。

同じ様に、第二次大戦後東南アジア諸国はASEAN（東南アジア諸国連合）を作り、今日の繁栄の基礎を作りました。ASEAN独立宣言を見てみます。「①平和、自由、社会正義及び経済的安寧の育まれるべき理想は、域内諸国間の良き相互理解、善隣関係及び有意義な協力の促進によって最もよく達成される、②外部からの干渉から、安定と安全を確保すべく決意する」としています。従って「外部の参加を排した域内協力が安全を確保する」という考えです。

この中で「東アジア共同体構想」が出てきました。米国は鳩山首相の「東アジア共同体構想」には敵意で対応しています。

アーミテージ・ナイ共著『日米同盟VS中国・北朝鮮』を見てみます。アーミテージは2001年発足したブッシュ政権下では国務副長官です。ナイは元来、ハーバード大学教授です。クリントン政権で、国防次官補として政策決定に携わり、「東アジア戦略報告」を作成、東アジアに約10万の在外米軍を維持するなど、冷戦後のアメリカの極東安保構想を作成しました。アーミテージ、ナイ両者は冷戦崩壊後の対日政策の基盤を作ってきた人物です。

両者の会話を見て見ましょう。

アーミテージ：「東アジア共同体構想」には大変驚きました。第一に我々はそれについて何も知らなかった。そうした態度は友人にはあるまじき行為です。第二に鳩山氏は中国の胡錦涛国家主席と並び立って、どうやら「米国を含まない共同体」について語っていたようでした。

ナイ：もし米国が「外されている」と感じたならば、恐らく報復に打ってでると思います。それは（日中双方に）高くつきますよ。

鳩山政権潰しの先頭に立ったのは、外務・防衛官僚でした。その実態はウィキリークスによる米国大使館発国務省宛電報等で奇跡的に明らかになりました。官僚は国会で選ばれた首相を補佐するのが本来の姿です。しかし、外務・防衛官僚は鳩山政権に非協力であっただけでなく、虚偽の報告をしたり、新聞に政権側に不利な発言をしたり、在京米国大使館と反鳩山政権についての協議を重ねたりして、鳩山首相を辞任に追い込んでいます。

２００９年8月30日衆議院選挙で民主党が大勝し鳩山政権が成立しますが、民主党の今一人の実力者小沢一郎氏についてのアーミテージ・ナイ共著『日米同盟VS中国・北朝鮮』での言及を見てみます。

アーミテージ：彼（小沢氏）は日本の将来を中国の「善意」に預けようとしている。小沢氏については90年代「反米」とは思いませんでした。まあ、今は恐らく、「反米」と思わざるをえませんね。何かの理由があって、考えが固くなったのかもしれませんね。彼はいうなればペテン師（CROOK）ですね。

小沢氏は民主党が政権を取ることが確実と見られた２００９年、西松建設疑惑関連で民主党代表を辞任しました。

マーティン・ファクラー・ニューヨーク・タイムズ紙東京支局長（当時）の記述を見てみたいと思い

ます。出典は孫崎享、マーティン・ファクラー共著『崖っぷち国家　日本の決断』です。

「2009年3月に小沢一郎さんの公設秘書大久保隆規さんと、西松建設の国沢幹雄社長が政治規制法違反で検察に、逮捕、起訴されました。小沢さんは違法性を否定していましたが、党内の動揺をうけ、5月に代表を辞任しました。

このとき、小沢さんが次の総選挙で民主党の代表として勝つのではないかという瀬戸際でした。この頃から小沢さんが、突然、東京地検の標的になったのです。この程度のことが政治資金規正法違反であるならば、自民党の他の議員も同じ違反をしています。

大新聞の記事を見ると、多くの記事は明らかに東京地検からのリークや情報によっていました。ほとんどの情報が東京地検から流れ、記者達は何も疑問を持たずに、それを素直に報道していたわけです。正直に言うと、その時、僕は少し怖ろしい感じさえ抱きました。」

この問題の理解には東京地検と米国の関係が問題になりますが、関心のある人は私の『戦後史の正体』をみて下さい。アーミテージらが小沢一郎氏を「反米」と判断したことと、検察の動きは関係していると思います。

「自由主義諸国(米国)との協調」および「アジアの一員としての立場の堅持」は、米国の見方によっては、併存できないのです。

4、国連憲章を重視した時の米国との摩擦

■「自由主義諸国（米国）との協調」と「国際連合中心」が両立しにくくなったのを見てみます。

国際連合の前身に国際連盟（1919年―1946年）がありました。十分に機能せず、第二次世界大戦が勃発しました。その反省を踏まえ、1945年4月から6月にかけてサンフランシスコ会議で国連憲章が署名されました。

国連憲章は様々な条文がありますが重要なものを列挙します。

第1条：平和を破壊するに至る虞のある国際的の紛争又は事態の調整または解決を平和的手段によって且つ正義及び国際法の原則に従って実現すること。

第2条：1．そのすべての加盟国の主権平等の原則に基礎をおいている。

4．すべての加盟国は、武力による威嚇又は武力の行使を慎まなければならない。

第51条：武力攻撃が発生した場合には、個別的又は集団的自衛の固有の権利を害するものではない。

つまり、①すべての加盟国の主権平等、②武力の威嚇又は行使を行わない、③攻撃された時には自衛権で戦うことが想定されます。この国連憲章の原則には、何の問題もないように思われます。しかし、冷戦終了後の米国はこの原則を守る立場をとっていません。すでに見ていることですが、冷戦後の米国

の考えを見てみます。

1992年クリントン大統領の下、新たな軍事戦略「ボトムアップレヴュー」が作成されます。

・重点を東西関係（米ソ関係）から南北関係に移行する
・イラン・イラク・北朝鮮等の不安定な国が大量破壊兵器を所有することは国際政治上の脅威になる。したがってこれらの諸国が大量破壊兵器を所有するのを防ぎ、さらにこれらの国々が民主化するため、必要に応じて軍事的に介入する
・軍事の優先的使用を志向する
・同盟体制を変容させる。

「必要に応じ軍事的に介入する」そして「同盟体制を変容させる」となっています。

すでに見てきましたように、米国はイランと北朝鮮に先制核攻撃を実施できる体制を取っています。

2005年5月15日付ワシントン・ポスト紙は、ウイリアム・アーキンの記事を掲載し、「〇三年一月の米大統領命令に基づき、イラン、北朝鮮等の脅威が緊急的である状況を踏まえ、イラン、北朝鮮の核関連施設を破棄する目的で米国核兵器の使用を許可する軍事計画CONPLAN8022が作成された」と報じた。」（『日米同盟の正体』）

先制核攻撃を行う体制を取ることは、国連憲章第2条「すべての加盟国は、武力による威嚇又は武力の行使を慎まなければならない」に反します。

1989年12月20日ブッシュ大統領はパナマ在住アメリカ人の保護、パナマ運河条約の保全、ノリエガ大統領の拘束を主目的として5万人の米軍をパナマに侵攻させ、ノリエガ大統領を拘束し、米国裁

判所で禁錮40年の判決を言い渡します。12月29日国連総会で、賛成75、反対20、棄権40で米軍侵入を非難する決議を採択します。

この時日本外務省の中では、中南米局長が「米国の軍事介入は許されるべきではない。国連決議では米国非難に賛成出来ないとしても、せめて棄権すべきだ」と主張します。時の次官は「米国非難を出来ない」と主張します。二人は激しいやりとりを行いますが、次官はこの局長に「パナマごときで日米関係が壊されてたまるか」と述べます。

日本が国連外交を重視する政策と、日米関係の重視とは矛盾する時があるのです。

その①：安全保障政策で国連などの連携を重視する政策を出した時

この問題はすでに見ましたが、繰り返します。

1993年8月細川護熙氏が首相になり、細川首相は樋口廣太郎アサヒビール会長を座長とする防衛問題懇談会を立ち上げます。樋口レポートは、「冷戦が終結し新しい世界が展開しているのに対応し、まず第一に世界的並びに地域的な多角的安全保障体制を促進する。第二に日米安保関係を充実する」と提言します。この提言は1992年以降に構築されてきた米国の新戦略とは矛盾し、米国は樋口レポートに危機感を持ち、細川政権は1994年4月28日に崩壊します。

■その②：日本がイランとの外交関係を強化しようとした時

イスラム過激派とどう対応するかは国際政治の重要な課題です。この過激派の拠点の一つがイランです。

イランのモハマド・ハタミは1997年の大統領選で勝利し、5月大統領に就任し「文明の対話」を提案します。ローマ法王とも対話し、欧州諸国と積極的に関係を改善します。日本も積極的に動き、2000年10月訪日します。ここで、日本がイランのアザデガン油田の開発の権利を得ます。

しかし、米国は一貫して、ハタミ大統領が訪日をしないように圧力をかけてきました。そして、日本が入手したアザデガン油田開発の権利も放棄する様に圧力をかけられ、結局放棄します。その後も、米国は日本がイランの石油を購入することや、経済関係の拡大に反対することを求め、日本はこの要請を受け入れます。

■その③：小泉首相が北朝鮮と国交回復を目指した時

2001年9月11日米国で同時多発テロ事件後が発生しました。ブッシュ大統領は2002年1月29日一般教書で北朝鮮を「北朝鮮は、自国民を飢えさせる一方で、ミサイルや大量破壊兵器で武装している政権である」と位置付けました。米国は北朝鮮には「厳しく臨むしかない」との政策を固めます。

そして、米国の同盟国もこの路線に従うことを求めます。

様々な警告が発せられていたのですが、この警告にもかかわらず、小泉首相は2002年9月17日北朝鮮を訪問します。そして、日朝平壌宣言を発表します。その中には「国交正常化交渉を再開する」「国交正常化後、経済協力を実施」などが織り込まれています。米国の関心のある核兵器の開発については「核問題の解決のため、国際的合意を順守」とだけ記述しています。

米国は核兵器問題で進展がない中で、日本が国交回復を目指して動き出したことに、烈火のごとく怒ります。東京のCIA支局長が官邸に抗議に怒鳴り込んできた噂が流れました。

手島龍一氏は「小泉訪朝　破綻した欺瞞の外交」（『文藝春秋』2007年3月号）を発表しました。

「小泉首相はここ（注：ザ・ウォルドルフ・アストリア35階のプレシデンシャル・スイート）でブッシュ大統領と向き合っていた。

2002年9月12日のことである（中略）。

小泉・ブッシュの友情は、キャンプデービッド山荘の出会いから始まった（中略）。だが、この日の小泉・ブッシュ会談はどこか冷めた感じが否めない。ブッシュ大統領の表情も心なしか硬かった。

小泉は冒頭で訪朝に触れ（中略）、ブッシュ大統領の理解を求めた（中略）。

このときブッシュは、隣に座っていたパウエル国務長官に冷ややかな視線を投げた。君が応答しろ、と無言で促したのだ。パウエルが大統領の意を察して引きとった。

「われわれは、北朝鮮が核開発をいまだにあきらめていない証拠を握っています」

毅然とした物言いだった。大統領は表情を動かさない。プレシデンシャル・スイートにひんやりした空気が流れた。」

この時以降、小泉首相は歴代のどの首相よりも米国追随姿勢を鮮明に打ち出しました（『戦後史の正体』）。

■日本は依然国連憲章を重視していくべきだと思います。

私達はすでに国際連合の成立の歴史を見ました。そして、国連憲章では「第1条：平和を破壊するに至る虞のある国際的の紛争又は事態の調整または解決を平和的手段によって且つ正義及び国際法の原則に従って実現すること、第2条：1．そのすべての加盟国の主権平等の原則に基礎をおいている、4．すべての加盟国は、武力による威嚇又は武力の行使を慎まなければならない。第51条：武力攻撃が発生した場合には、個別的又は集団的自衛の固有の権利を害するものではない」を見ました。

国連は想定された国連独自の軍隊を持つことに成功していません。従って、地域紛争が発生してしまうと、鎮静化にあまり役立ちません。ユーゴスラビアは「七つの国境、六つの共和国、五つの民族、四つの言語、三つの宗教、二つの文字、一つの国家」と呼ばれるように、多様性の強い国家でした。冷戦崩壊後、このユーゴの崩壊が始まり、様々な紛争が勃発しましたが国連が紛争を止めるのに果たした役割は限られたものでした。ここから、米国の政治家や学者を中心に「国連無用説」が説かれました。

しかし、多くの国連加盟国が国連憲章を守り、「武力の威嚇や行使を慎む」ことを守り、世界の平和が保たれてきているのです。毎年、9月、10月にある国連総会では世界中の首脳が集まり演説をします。こんな会合は他にありません。何よりも、国連憲章に代わって、機能させるシステムはありません。

米国は有志連合を形成し、アフガニスタン、イラク、リビア、シリア等で武力行使を実施しました。しかし、これら全ての国では、米国主導の軍事攻撃以前の方が国家は安定していたのです。シリアやイラクから大量の難民が発生し、これが欧州政治の不安定をもたらしました。

5、日本はテロにどう対応すべきか

■日本の初代内閣総理大臣、伊藤博文はテロリストでもありました。

2001年9月11日米国に同時多発テロが起こりました。ここから「テロとの戦い」が国際政治の主要課題となりました。日本もこれに参加しています。「テロとの戦い」について疑念を持つ人はほとんどいません。

テロリスト、テロを考えるために、「伊藤博文がテロリストであった」ことを見てみたいと思います。幕末、伊藤博文は二つのテロ行為に参加しています。

1962年2月13日「坂下門外の変」が起こります。江戸城坂下門外にて、尊攘派の水戸浪士6人が老中安藤信正を襲撃し、負傷させた事件です。襲撃者達は犯行に際し、「斬奸趣意書」を作っています。

「大老井伊の斬害で、幕府は悔心するであろうと身命を賭したが、その後幕府側に何ら悔心する様子がない。安藤対馬守は悔心しないだけではなく、大老・井伊より奸智に長けている」。

「坂下門外の変」と関係して伊藤博文が現在の東京都千代田区三番町で一人の人物を殺害しています。すでに「斬奸趣意書」に言及しましたが、その中で、「幕府は、孝明天皇を廃位させるために、学者に故事調べさせた」と指摘されています。この学者が誰かを調べていきますと、国学者塙次郎であることが判明します。そこで塙が他所よりの帰宅を待ち受け、その住宅付近において国賊と呼びかけ、これを斬殺します。

1863年1月31日品川御殿山で建設中のイギリス公使館が焼打ちされる事件が起こりました。彼らを日本から追い出す工作です。襲撃者は隊長：高杉晋作、副将：久坂玄瑞、火付け役：井上馨、伊藤博文、寺島忠三郎、護衛役：品川弥二郎等です。

多分、日本の人で、「伊藤博文はテロリストだったのか。じゃー彼を死刑にすべきだった」と言う人はいないと思います。殺人、放火の背景にある理由が判るからです。

では世界のテロリスト達はどうなのでしょうか。

9・11同時多発テロの背後にいたとされるオサマ・ビン・ラディンは「米国との戦争」を呼びかけました。ではその理由は何だったのでしょうか。

私の『日米同盟の正体』から見てみます。

「米国は間違いなく、自衛隊のアフガニスタンへの派遣を要請してくる。アフガニスタンは米国の問題だけでない。日本の安全保障上の問題となる。

ではこのアフガニスタンに何故介入していくのか。

アフガニスタンへ米軍を増派する理由は次のように組み立てられる。

米国は九・一一同時多発テロをうけた。このテロ行為はビン・ラディンが率いるアルカイダによって実施された。このアルカイダを匿ったタリバンの勢力が復活しつつある。従ってタリバンを撲滅しなければならない。そのために米軍の増派が必要である。

この論理は一見何の問題もないようである。しかし、丁寧にみていくと、この論理は成立しない。

そもそも、ビン・ラディンが率いるアルカイダは何故攻撃したのか。

多くの人は「ビン・ラディンはイスラム原理主義でイスラム圏への西洋文化の浸透を憎み、西洋文化の象徴的存在である米国を攻撃した」と考えてきた。これは正解ではない。

ビン・ラディンは「何故米国と戦争しなければならないか」を明確に述べている。それは、イスラム圏への西洋文化の浸透を憎むという抽象的、哲学的問題ではない。

ビン・ラディンは対米国戦争を呼びかけた。それは事実である。彼は一九九六年、「二聖地（メッカ、メディナ）の地（サウジアラビア）を占拠している米国に対する戦争宣言」を発表した。戦争目的は極めて明確である。この宣言は「アラーの名の下に米国軍のサウジアラビアからの撤兵を求め、これが達成されない限り米国軍を攻撃する」というものである。

サウジ人はイスラム教の盟主として誇り高い。その聖地たるサウジアラビアが米国軍の駐留に犯されている。この米国軍をサウジアラビアから追放すべきであり、米国が同意しないのなら米国と戦争すべきであるとしている。「米国軍をサウジアラビアから追放すべきである」という主張はサウジの王家内にも強い支持者がいた。ビン・ラディンの戦争目的はきわめて明快である。

九・一一同時多発テロ事件が発生したとき、「犯行はビン・ラディン一派である」と即断された。当然、彼の米国への攻撃理由を検証すべきである。そうすれば真っ先にビン・ラディンの「二聖地（メッカ、メディナ）の地（サウジアラビア）を占拠している米国に対する戦争宣言」を見なければならない。しかし、そうしなかった。米国のメディアも報じない。米国人のほとんどがこの戦争宣言の存在すら知らない。何故か。検証すれば九・一一同時多発テロを招いた米軍のサウジ駐留の是非が問われる。ブッシュ政権非難につながる。したがってこの問題を避け、イスラム過激派や一般的なテロ行為の危険が言及された。九・一一同時多発テロ事件以降、この事件の本質を見なかったために、米国の大迷走が始まった。

では、ビン・ラディンが要求したサウジアラビアにおける米軍は、その後、どうなったか。これも大々的に報じられていない。二〇〇三年イラク戦争開始後の四月二九日、BBCは「ほぼすべての米軍はサウジアラビアから撤退した。一九九一年から開始された米軍のサウジアラビア駐留は、サウジアラビアが米国に従属する象徴として非難されてきた」と報じた。米軍は密かに撤退した。

もし九・一一以前に米軍が撤退するとどうなるか。ビン・ラディンの対米戦争目的は達成される。戦争を行う最大の理由が消滅する。ビン・ラディンの脅威は当然減少する。」

テロリストと呼ばれる人々は、通常、政治的要求を掲げています。多くの場合、これらは実現できる要求なのです。戦いを選択するのでなく、相手グループの要求を受け入れる可能性がないか、それを第一に行うべきです。そして多くの場合、相手の要求を受け入れる余地があり、受け入れた場合失うもの（A）と、受け入れずに武力紛争によって生ずる人的、財政的負担（B）を比較すると、（B）が圧倒的に大きいのです。

第6章

日本外交のあるべき姿の模索――領土問題

1、領土問題で軍事紛争にならない対応とは

■外交における領土問題

犬や猫が食べている物を取り上げると、物凄い勢いで怒ります。人間も同じで、自分の所有物、或いは自分に帰属している物が奪われると、激しく怒ります。国家との関係で代表的なのは領土です。

自分の国に所属している土地が外国に奪われたとなると、国民感情が燃え広がります。政治家は、国民が自分達の領土だと思っている土地（その様に誘導されている場合が多い）が他の国に所有されているのを取り戻すべきだと主張したり、取り戻すための軍事行動をしばしば行います。戦いで出る犠牲者と経済的損失はあまりにも大きく、土地の利用価値どころではありません。

領土問題をどう処理したらいいのかを考えてみたいと思います。

一寸考えてみて下さい。中国との間の尖閣諸島、韓国との間の竹島、ロシアとの間の北方領土問題がない時（つまり解決が図られる時）、これら諸国との関係がどうなっているか。多分友好関係が進んでいます。逆にいうと、日本が中国、韓国、ロシア（ソ連）との良好な関係を望まない層は、領土問題の対立を煽る側に回ります。

■領土問題が武力紛争に発展した例①：1969年中ソ国境紛争

第二次大戦後中国とソ連は同じ社会主義国でした。中ソ双方は「社会主義の中ソは一枚岩」と宣伝していました。それが、1969年、突然、中ソは珍宝島をめぐり軍事衝突を起こしました。

中ソ双方にとって、どれ位重要な島だったのでしょうか。珍宝島はウスリー川上にある小さな島です。長さ1700メートル幅500メートル、資源がある訳ではありません。価値はほとんどありません。ソ連がここを支配していたのですが中国軍がソ連の守備隊員を襲い、紛争が勃発しました。

中ソ双方の国内では民衆が激昂し、3月7日朝日新聞は「中国でデモに参加した人は一億五千万人に達した」と報じました。1969年3月16日ソ連軍機関紙「赤星」は「ザバイカル等（中国国境に近い位置）の核ミサイル部隊が警戒態勢に入った」と報じましたし、3月25日北京放送は「核戦争も辞さず」と報じました。

何故、突然領土紛争が起こったのでしょうか。中ソの二国関係が発端でないことに留意して下さい。

中国では1966年文化大革命が起こり、激しい権力闘争が繰り広げられます。そうした中、国防部長であった林彪は力を増します。中ソ国境紛争があれば、軍部の活動に依存せざるをえません。必然的に軍の責任者の発言力が増します。3月珍宝島事件が起き、4月党大会で党規約が採択され、国防部長であった林彪は毛沢東の後継者としての地位を確立しました。林彪の野望が中ソ国境紛争を生んだといっていいと思います。

しかし、中国、ソ連も核兵器を持っています。紛争がエスカレートし、いつ、核兵器の使用にまで行くかもしれません。

中国、ソ連に幸いしたのは、中ソ双方に林彪国防部長、グレチコ国防大臣等タカ派的政治家が力を持っている中で、両国に理性的な政治家がいたことです。ソ連の実務派と見られていたコスイギン首相がハノイにおけるホーチミンの葬儀の帰りに北京を訪れ、周恩来首相との間で、①現状維持、②武力不行使、③論争がある地域の調整を行うことで合意し、戦争を回避しました。何よりも大事なのは、「武力不行使」の約束が出来たことです。

この珍宝島は1991年5月16日に結ばれた中ソ国境協定で中国領とすることで合意されました。事件発生後24年経過しての解決です。

■その②：イラン・イラク戦争

イラン・イラク戦争での死者は、イラン側約30万人、イラク側16万から24万人と推定されています。

この戦争は1980年9月22日イラク側の攻撃で開始され、1988年8月20日国際連合安全保障理事会の決議を受け入れ停戦しました。

何のために戦争をしたのか。表向きの理由は領土問題です。イラクに歴史的に重要な役割を果たしたチグリス川とユーフラテス川があります。この二つの川が合流しシャトルアラブ川を形成します。この川がイランとイラクの国境地帯を流れながらペルシア湾に注ぎます。国境河川ですが、この河川のどこに国境線を引くかが問題です。中間線にするとか、川の最深部にするとか様々な解決策があり、歴史的にみるとこれらが採用された時もありました。

1980年9月、イラクのサダム・フセイン大統領は国境線をイラン川岸、つまりシャトルアラブ川をイラクのものにするという主張を行い、軍事衝突に発展しました。

ここで、サダム・フセインの政治的立場を見てみます。1979年7月17日当時のバクル大統領が病気で辞任し、サダム・フセインが大統領に就任します。この過程で55人の人間に有罪を宣告し、22人は銃殺となっています。隣のイランでは反政府運動の高まりで、1979年1月16日、シャー（国王）が、国外に退去し4月1日、イスラム共和国が樹立されました。サダム・フセインは、イラン軍部がイスラム共和国に忠誠を誓っていないと判断し、戦争を仕掛けました。イランにせよ、イラクにせよ、戦争継続中に、政権への反対者を国難の時に反対する人は許されないと激しい弾圧を行っていきます。戦争継続が脆弱な体制強化につながったのです。政権にとっては戦争継続が利益であったことを理解しておく必要があります。

戦争は安保理決議の受諾で1988年8月20日に停戦となりました。では戦争の原因となった国境線はどうなったのでしょう。1990年の湾岸戦争の際、サッダーム政権はクウェート侵攻を前にイランを懐柔するためアルジェ合意を確認します。川床の最深線に近い場所に引かれた線を国境線としたのです。こんな結論は戦争しなくても冷静になれば簡単に合意できることなのです。

■その③：フォークランド紛争

フォークランド諸島は、アルゼンチン沖に位置し、1833年からイギリスが実効支配をしています。植民地時代のなごりです。

1982年4月2日、アルゼンチン正規陸軍がサウス・ジョージア島に侵攻し、戦争状態に入ります。英国の動員は、陸軍1万7000、海軍1万3000、空軍6000、艦艇111隻、航空機117機。死者256、負傷者777、捕虜115、被撃沈駆逐艦2隻、フリゲート2隻、揚陸艦2隻、コンテナ船1隻、航空機34機です。アルゼンチン側は死者645、負傷者1048、捕虜1万1313です。6月14日フォークランド諸島のアルゼンチン軍守備隊すべてが降伏します。6月17日アルゼンチンの大統領（ガルチェリ大統領）が敗北の責任をとり、大統領及び陸軍総司令官を辞任します。

ここで戦争勃発の経緯を見てみます。アルゼンチンでは1974年7月ペロン大統領が死去し、妻イサベルが大統領に昇格しますが混乱し、軍事政権が出てきます。ガルチェリは1981年12月に就任しますが、軍事政権はペロン派を弾圧してきたこともあって、国民の不満が高まります。この不満から目をそらすため、ガルチェリ大統領はフォークランド諸島の領有問題に焦点を当てます。

中ソ国境紛争、イラン・イラク戦争、フォークランド紛争等領土問題に関する紛争で何が見えるでしょうか。

第一に領土問題は、指導者が自分の政権を強くしたり、他の国内問題から目をそらすために利用されるということです。中ソ国境紛争では林彪国防相が毛沢東後継者と位置付けられるために利用しました。イラン・イラク戦争では、大統領就任直後、不満分子が多い中で、国境問題を持ち出し、イランとの戦争を行いました。フォークランド紛争では軍事政権であるガルチェリ大統領が国内の不満を抑えるために、フォークランド問題を煽りました。

第二に、指導者が国境問題を煽ると、多くの国民はそれに迎合します。中ソ国境問題では、ソ連、中国共に相手国を非難する大規模なデモが起こりました。

第三に、戦争になれば、莫大な人的、経済的被害を出します。

こうしたことから、領土問題がにわかに注目され始めたら、①煽ることによって利益を得る政治家がいること、②国民はうまく扇動されること、③領土の利用価値と戦争による被害を考えた場合、圧倒的に後者が大きいことを知る必要があります。

領土問題は軍事紛争の可能性を持っています。国際社会は軍事紛争に行かないようにどの様な対応をしているでしょうか。

第一の選択は、領土問題を外交的に解決することです。

私達は、ロシア（ソ連）は領土問題では絶対譲ることをしないという印象がありますが、実はかなり柔軟に対応しています。

エリツィン大統領と江沢民主席は１９９７年11月、東部国境画定の完了を宣言し、４３００キロの国境の98％が画定します。国境河川の河川島の帰属では、ロシアに１１６３の島、中国に１２８１の島となりました。ほぼ半々です。ほとんどの島はロシアが実効支配していましたので、ロシアの譲歩が顕著です。１９６９年に武力衝突が起きたウスリー川のダマンスキー島（中国名珍宝島）も中国に帰属しました。

ロシアはさらに、ノルウエーとも国境線の画定をしています。対象の地域は係争海域の面積は17万5千平方キロに及び、大規模な石油・天然ガス資源があると言われています。石油・天然ガス資源については、別途「共同開発協定」が締結されています。

第二の選択は武力の行使をしないことを宣言することです。

ＡＳＥＡＮ設立宣言（１９６７年）は「域内諸国の関係における正義と法の支配を尊重し、国連憲章の諸原則を支持し、もって域内の平和と安定を促進する」と宣言しています。ここでいう国連憲章は、「第

2条3．すべての加盟国は、その国際紛争を平和的手段によって国際の平和及び安全並びに正義を危うくしないように解決しなければならない」「4．すべての加盟国は、武力による威嚇又は武力の行使を、いかなる国の領土保全又は政治的独立に対するものも、また、国際連合の目的と両立しない他のいかなる方法によるものも慎まなければならない」を意味しています。

第三は、国際司法裁判所に解決をゆだねることです。

対立が生じた時、当事者の話し合いで解決するのは容易ではありません。どうしても勝った負けたと感情的になります。日露戦争のポーツマス条約で反対した国民が日比谷公園に乱入し、その後、新聞社などを焼き討ちにしました。

そのような時、第三者が主体的に調停するのは有効です。国連憲章は司法機関として国際司法裁判所を用意しました。実際、幾つかの領土問題がここで解決されています。

ただ国際司法裁判所には問題点があります。関係国が国際裁判所の扱いに合意しなければ、国際司法裁判所は審議しません。つまり、自分の国の主張が弱いと思った国は国際司法裁判所での審議を求めません。これが国際司法裁判所の限界です。

第四は、南極条約方式です。領有権の主張を「凍結」させ、対象の土地の軍事利用も禁止し、資源開発も行わないことを決めるのです。そうすれば争う意味がなくなります。

南極は無人地帯です。しかし、イギリス、オーストラリア、ニュージーランド、フランス、ノルウェー等は南極探検隊を派遣しました。７カ国（英国、ノルウェー、フランス、豪州、ニュージーランド、チリ、アルゼンチン）が領有権を主張しています。米国、ロシアは領土権を主張しないと同時に他国の主張も否認する立場です。南極の領有をめぐり国際的対立の可能性があります。

どうしたらいいか、知恵を絞っています。

１９５９年12月南極条約が署名されました。ここでは、第４条で、この条約では「かつて主張したことがある南極地域における領土主権又は領土についての請求権を放棄することは意味しない」としています。つまり、権利の放棄は求めていません。

しかし、第1条で「南極地域は、平和的目的のみに利用する。軍事基地及び防備施設の設置、軍事演習の実施並びにあらゆる型の兵器の実験のような軍事的性質の措置は、特に、禁止する」としています。軍事の使用を禁じたのです。「軍事行動を禁じられた主権」というのはありません。ですからここで、「領有権凍結」という言葉が使われました。

さらに、「環境保護に関する南極条約議定書」が１９９1年に採択されました。ここでは、前文で、「国際的不和の舞台又は対象とならないことを確保するため南極条約体制を強化する必要性」を再確認しています。第7条「鉱物資源に関する活動の禁止」という項目で、「鉱物資源に関するいかなる活動も、科学的調査を除くほか、禁止する」としました。

軍事活動を止め、資源開発を止めれば、領土問題で争う可能性は無くなります。そしてそれは、「国際的不和の舞台又は対象にしない」という明確な目的を持って行動したのです。

第五は、領土問題よりも、関係国との関係を発展させることが重要だということを認識し、領土問題を実際上、諦めていく事です。ドイツが第二次大戦後とった道です。

アルザス・ロレーヌ地方は九州の3分の1位の土地です。歴史的に、この地域は戦争のたびにドイツに行ったりフランスに行ったりしていました。どちらかというとドイツ語系の言葉を話す人々の人口が多い地域でした。

第二次大戦後、ドイツからポーランドに与えられた土地は11万2000平方キロです。日本で言えば九州（4万4466㎢）、四国（1万8300㎢）、中国（3万1917㎢）を合わせたより大きい地域です。ポーランドはこの土地に匹敵する土地をソ連に渡しました。ドイツ人はこの状況をナチドイツが欧州諸国を攻撃した対価として受け入れています。

第六は、係争地域を国際的地域として、係争の度合いを低めることです。

南極条約では、南極を分割するのでなく、南極を一体として見て、各国の協力を推進する地域にしました。

私達はドイツとフランスの係争地であるアルザス・ロレーヌ地方を見てきました。この地域で新しい動きがあるのです。欧州連合はこの地の中心都市ストラスブールに欧州議会本部を置きました。そしてこの地域に「ヨーロ地域（Eurodistrict)」と呼ばれる行政地域が設定され、両地域の協力と統合が推進されています。

欧州には「ヨーロ地域」と呼ばれて、二つの国家にまたがる地域の協力を行う所が他にも存在します。

2、北方領土問題の解決のために

その①：北方領土問題を理解することは、国際社会が複雑な利害が絡まっていることを理解することになります。先ず第一にポツダム宣言受諾でどうなったでしょうか。

日本は1945年8月15日ポツダム宣言を受諾しました。そして9月2日「ポツダム宣言の条項を誠実に履行すること」を約束する降伏文書に署名しました。日本の多くの人は領土問題に大変な関心を持っていますが、不思議なことにポツダム宣言に何が書かれているか知っている人が少ないのです。次の記述があります。

「八、カイロ宣言の条項は履行せらるべく又日本国の主権は本州、北海道、九州及四国並に吾等の決定する諸小島に局限せらるべし」

日本では、しばしば北方領土や尖閣諸島や竹島について「固有の領土」という言葉が使われますが、ポツダム宣言では、日本の主権は①「本州、北海道、九州及四国」と②「吾等（連合国側）の決定する諸小島」となっているのです。

その②：サンフランシスコ講和条約で日本が何を約束したか、そして吉田首相が何を発言したかを見てみる必要があります。

1951年9月8日に吉田茂（首相）全権委員によってサンフランシスコ講和条約が署名されました。サンフランシスコ講和条約は、敗戦国が戦争状態を終える際に結んだ歴史的な条約の中でも寛大に扱われたものだと思います。敗戦国は過去、莫大な賠償金を払わされました。この条約では、「連合国は、連合国のすべての賠償請求権、戦争の遂行中に日本国及びその国民がとつた行動から生じた連合国及びその国民の他の請求権を放棄する」としたのです。

この条約で日本は「千島列島に対するすべての権利、権原及び請求権を放棄する」に合意しました。問題はこの千島が何を意味するかです。

サンフランシスコ講和条約署名の前日、9月7日吉田首相は「千島南部の択捉、国後両島が日本領であることについては帝政ロシアも何らの異議を挟まなかったのであります」と述べています。この吉田首相の演説は二つの意味で重要です。

一つは「千島南部の択捉、国後両島が日本領である」という「択捉、国後固有の領土論」は国際的支持を得られず、日本は千島列島全体を放棄したことです。今一つは択捉、国後を千島南部と位置付け、放棄した千島に入れていることです。今日の日本国民の認識とは一致しませんが、国際法的には、日本に国後、択捉を求める法律的な根拠はないのです。

その③：「日本はサンフランシスコ講和条約で国後・択捉を放棄したのは判ったが、それをソ連（ロシア）が領有するのはおかしいではないか」という議論をどう考えたらいいのでしょうか。

サンフランシスコ条約で日本は千島を放棄しましたが、ここでは誰に属するかは決めていません。その帰属は連合国側で決める問題です。

この問題を理解するために、米国がどの様にして、日本との戦争を終えたかを見る必要があります。日独の敗戦が濃厚になってから、ルーズベルト大統領の最大の関心は「如何に少ない米国の犠牲者の下に日本の無条件降伏を引き出すか」でした。この情勢判断はルーズベルト大統領の死後(1945年4月)引き継いだトルーマン大統領も同じです。彼は『トルーマン回顧録』に次のように記しています。

「軍事専門家は日本本土に侵入すれば、日本軍の大部隊をアジアと中国大陸に釘付けに出来た場合でも、少なくとも50万人の米国人の死傷を見込まなければならない。従ってソ連の対日参戦は我々にとって非常に重大なことであった。」

米国にとりソ連の対日参戦は極めて重要でした。ルーズベルト大統領はテヘラン会議(1943年11月)でソ連の対日参戦を要請し、ヤルタ会議で「千島列島がソ連に引き渡されること」の内容を含むヤルタ協定が結ばれました(1943年11月)。この事情はグロムイコ元ソ連外務大臣著『グロムイコ回顧録』(読売新聞社、89年)に詳しく書かれています。

「(ヤルタで)彼の書斎にいくとスターリンは一人でいた。

彼に心配事があることを察知した。

スターリンに英語で書かれた書簡が届いたところだった。

彼はその書簡を私に渡し、〝ルーズベルトからだ、彼との会談が始まる前に、彼が何を言ってきたか知りたい〟と言った。

私はその場でざっと翻訳した。アメリカはサハリンの半分（注、この時点で北半分はすでにソ連のもの）とクリル列島についての領有権を承認すると言ってきたのだ。

スターリンは非常に喜んだ。『米側は見返りとして次にソ連の対日参戦を求めてくるぞ』と言った。

すでにテヘラン会議の時にルーズベルトはスターリンに対して対日戦の協力を依頼していた。テヘランでこれらについて原則的な理解に到達していたが、確固たる合意はなかった。この手紙の中でサハリンとクリル列島に対する言及があってはじめて最終合意が結ばれたのだった。」

ヤルタ条約は日本を拘束するものではありません。しかし米ソを拘束するものです。米国は日本の抵抗を減じ、米軍の被害を少なくすることを望んでいます。今日米国は長崎・広島への原爆投下の理由を、「米軍の被害を出さないためだった」としています。同様に米国としては、ソ連が参戦し関東軍が日本に帰れなくしておくことを強く望んでいました。ソ連が参戦する見返りに、樺太（南半分）と千島列島という餌をソ連に与えたのです。このルーズベルトの約束は次の大統領トルーマンに引き継がれました。

トルーマンとスターリンのやりとりは興味ある史実を含んでいます。（出典『日露（ソ連）基本文書・資料集』）

スターリン発トルーマン宛進展密書（45年8月16日）

「一般指令第一号が入った貴信受領しました。次のように修正することを提案します。

一：日本軍がソ連軍に明け渡す区域に千島全島を含めること

二：北海道の北半分を含めること。境界線は釧路から留萌までを通る線とする」

トルーマン発スターリン宛通信（8月18日受信）

「一般指令No1を、千島全てをソ連軍極東総司令官に明け渡す領域に含むよう修正することに同意します。

北海道島の日本軍のソ連への降伏についてのあなたの提案に関しては、日本固有の全島（北海道、本州、四国、九州）の日本軍はマッカーサー将軍に降伏するのが私の意図である。」

こうした経緯を踏まえ、終戦当時、米国側は千島列島がソ連の領有になることに何の疑問も持っていません。対日占領軍総司令部政治顧問シーボルトは『日本占領外交の回想』の中で「千島列島の処分は勿論カイロ、ヤルタ両会談で決められていた」と記しています。

その④：日本は日ソ国交回復交渉で国後・択捉をソ連領とすることで決着することを図りますが、ダレス国務長官にそれはならぬと言われます。これがダレスの恫喝です。

日ソ国交回復交渉の責任者、重光外相はロンドンでダレス長官を訪問して、日ソ交渉の経過を説明します。この会談の模様を再度、松本俊一著『モスクワにかける虹』から見てみます。

「(1956年）8月19日に、重光葵外相（この時、日ソ平和条約の日本側全権を兼任）はダレス長官を訪問して、日ソ交渉の経過を説明した。

ダレス長官は、〃千島列島をソ連の帰属にすることは、サンフランシスコ条約でも決まっていない。従って日本側がソ連案を受諾することは、日本はサンフランシスコ条約以上のことを認めることとなる。かかる場合は同条約第26条が作用して、米国も沖縄の併合を主張しうる立場に立つわけである〃という趣旨のことを述べた。

重光外相はホテルに帰ってくると私を呼び入れて、やや青ざめた顔をして〃ダレスは全くひどいことをいう。もし日本が国後、択捉をソ連に帰属せしめたら、沖縄をアメリカの領土とするということを言った〃とすこぶる興奮した顔つきで話してくれた。

重光氏もダレスが何故にこの段階において日本の態度を牽制するようなことを言い、ことに琉球諸島の併合を主張しうる地位に立つというがごとき、まことにおどしともとれるようなことを言ったのか、重光外相のみならず、私自身も非常に了解に苦しんだ。」

ダレス長官はさらに追い打ちをかけます。9月7日谷駐米大使に、「日ソ交渉に関する米国覚書」を手交します。覚書には次の記述があります。

「日本はサンフランシスコ条約で放棄した領土に対する主権を他に引き渡す権利を持っていないのである。このような性格のいかなる行為がなされたとしてもそれはサンフランシスコ条約署名国を拘束しうるものではなく、かつ同条約署名国はかかる行為に対してはおそらく同条約によって与えられた一切の権利を留保するものと推測される。」

この米国方針の下、日本は「四島返還（国後・択捉・歯舞・色丹）」の方針を出していく事になります。

3、尖閣問題の解決のために

■その①：日中軍事紛争の火種を残しています。

尖閣諸島は日中双方が自国領だと主張しています。日本と中国が、自国領だと実力行使をしたらどうなるでしょうか。その危険は起こっているのです。

1978年4月、中国漁船約140隻が尖閣諸島周辺に集結し、そのうち約10隻が領海内に侵入しました。日本側巡視船が退去を求めたのですが動きませんでした。2週間後に突然撤去しましたが、このような事態が出てきたら、私達はどうしたらいいでしょうか。

海上保安庁の巡視船が排除しようとしたら、中国は海軍が出て来るかもしれません。それで海上自衛隊が出たら、中国の海軍と空軍が出てくるでしょう。自衛隊で中国軍を圧倒するシナリオはありません。

どの様にして解決したのでしょうか。当時の園田外務大臣が中国を訪問し、鄧小平副総理と会談しました。園田外務大臣の著書『世界日本愛』で見てみます。

「鄧副主席との会談で一番苦労したのは尖閣諸島の領有権の問題を何時のタイミングで言い出すかという一点だけでした。尖閣諸島については今度の話合いの中では持ち出すべきでないというのが、私の基本的な考えでした。

何故かと言えば、尖閣諸島は昔から日本の領土で、すでに実効支配を行っている。それをあえて日本のものだと言えば、中国も体面上領有権を主張せざるをえない。勇を鼓して尖閣諸島は古来我が国のものでこの前のような〝偶発事故〟を起こしてもらっては困るとこう言ったんだ。

鄧小平はにこにこ笑って〝この前のは偶発事故だ。もう絶対やらん〟とね。」

「中国漁船約140隻が尖閣諸島周辺に集結し、そのうち約10隻が領海内に侵入した」という事態を解決したのは、日本の海上自衛隊や海上保安庁の船で排除したのではありません。園田外務大臣が中国に訪問し、鄧小平と話し合い、鄧小平が「こうした事件は起こさない」と決断したからなのです。

その②：棚上げ合意で紛争を回避する知恵を重視したいと思います。

尖閣諸島は日中双方が自国領だと主張しています。「双方が自国領だ」と主張するそれなりの根拠を持っています。各々自分の主張を通すため軍事力を使ったら軍事衝突する可能性があります。そこで出てきたのが「棚上げ」です。

「棚上げ」を行ったのは1972年田中角栄首相が日中国交回復のために中国を訪問し周恩来首相と会談した時に、周恩来首相が提案したものです。「棚上げ」の合意はないという見解がありますが、1972年当時条約課長であった栗山元次官は、2012年10月7日付産経新聞で「(72年の日中首脳会談について）この問題は無理をしないで、棚上げしましょうということで暗黙の了解が日中の首脳間にできたというのはその通りだと思うのです」と述べています。

私は棚上げの解決は日本に有利だと思っています。

第一に、日中が各々尖閣諸島の主権を主張している中で、棚上げはある意味、日本の勝利でした。

第二に、棚上げは軍事力の行使を防いでいます。

第三に、実効支配が長く続けば続くほど、法的には有利になります。

第四に、現在解決の知恵を日中が見いだせなくとも、将来の解決の可能性があります。

■その③：紛争を避けるために、「日中漁業協定」があります。

領土問題が紛糾するのは、その土地に付属する資源を巡って対立するからです。従って、この資源を管理する合意が出来れば、紛争の危険が減少します。

日中漁業協定は1975年協定と1997年調印、2000年6月に発効した2000年協定があります。漁業協定の基本的哲学は「自国の船に対して適切な指導及び監督を行い、並びに違反事件を処理する」「他方の締約国に対し、当該地方の締約国の船の違反した事実及び状況を通報することができる。当該他方の締約国は、当該一方の締約国に対し、違反事件の処理の結果を速やかに通報する」として、相手国船に直接接触しないことにあります。相手国の公権力が接触をすると、摩擦を起こす危険があり、これを回避するものです。

この重要性を理解する政治家はほとんどいませんが、その数少ない政治家に河野太郎議員がいます。

彼は自分のブログで「日中漁業協定」（2010年9月28日）を書きました。

「北緯27度以南は、新たな規制措置を導入しない。現実的には自国の漁船を取締り、相手国漁船の問題は外交ルートでの注意喚起を行う（尖閣諸島はこの水域に入る）。

尖閣諸島を含む北緯27度以南の水域では、お互いが自国の漁船だけを取り締まる。中国船はかわはぎを狙って数百隻がこの水域で漁をするが、日本は11月頃のカツオ漁の船が中心で数も少ない。海上保安庁は、尖閣諸島周辺の領海をパトロールし、領海内で操業している中国船は、違法行為なので退去させる。操業していない中国漁船については無害通行権があり、領海外に出るまで見守る。」

領土問題に象徴されるように、一つの問題（土地）によって異なる国民は異なる見解を持ちます。A国が自分の考えは正しい、だから「B国の国民はA国の考えを今受け入れなさい」と言っても、簡単にそうなる訳がありません。そのためには少なくとも時間が必要です。

でも見解が対立していても終わりではありません。この対立を軍事紛争に持ち込まないこと、管理すること、それが外交で一番大事なことではないでしょうか。尖閣諸島では「日中漁業協定」がありました。しかし、尖閣諸島の緊迫する中で、この存在を知って、その適用を主張する人はほとんど見当りませんでした。過去の英知が次の世代に引き継がれなかったのです。

終わりに

この本では、日本外交のあるべき姿について私の考えを記載してきました。同時にできるだけ、秀でた人々の考え方に接する機会にしたいと思いました。

この本は『13歳からの日本外交』です。「13歳から」を対象としています。しかし、記述の内容の水準を落とすことは一切考えませんでした。それは、13歳でも、最高水準をこなす能力があると確信しているからです。

私達は序章で、スティーヴン・ホーキングの「これまで人間は幾度となく戦争をしてきた。今現在も続いている。原因は領土問題であったり、思想の違いであったり、民族の違いであったり、敵味方に区分され、敵となったものは、排除されていく」という言葉を見ました。

通常外交とは国と国との関係で「領土問題であったり、思想の違いであったり、民族の違いであったり、敵味方に区分され、敵となったものは、排除されていく」過程で、どう自己の利益を最大限に達成するかと見られています。

ただ時代は変わりました。「核兵器、ミサイルの発達で、軍事力で国を守る」ということが出来ない時代に入りました。非軍事の分野で、軍事衝突にいかないシステムを作る必要性がいつの時代よりも必要になっています。

幸いなことに、これまで人類が考えてきた英知は十分あります。様々な本があります。後は皆さんがページを開くだけです。

残念なことに世界中に「反知性社会」が勢いを増しています。少数のグループが横暴を極める時、客観的な批判勢力を排除します。「本を読む」勢力をなくします。「自ら考える」層をなくします。人類が、そしてその中の国家が、知性に背を向けて、生存や繁栄はないと思います。

最後に、この本の編集に携わっていただいたかもがわ出版の三井隆典様に御礼申し上げたいと思います。そもそも三井様から執筆の打診がなければこの本は成立していません。今一つ、読者はこの本が非常に読みやすくなっていることにお気付きと思います。記述の前にメリハリをつけるために中見出しが入っているのです。この「中見出し」は三井氏の手によるものです。読者がこの本を読みやすいとお感じになったら、それは三井氏の手腕によるものです。

孫崎 享（まごさき・うける）

1943 年、旧満州生まれ。東京大学法学部を中退し、外務省に入省。駐ウズベキスタン大使、国際情報局長、駐イラン大使、防衛大学校教授などを歴任。現在、東アジア共同体研究所長。ツイッター、ニコニコ動画など、ソーシャル・メディアにも注力。『戦後史の正体』（創元社）は 22 万部を突破。他の著書に、『日米同盟の正体』（講談社現代新書）『日本人のための戦略的思考入門』（祥伝社新書）『これからの世界はどうなるか』（ちくま新書）『日米開戦の正体』（祥伝社）など多数。

13 歳からの日本外交―それって、関係あるの!?

2019 年 4 月 25 日　第 1 刷発行
2020 年 2 月 15 日　第 2 刷発行
著　者　© 孫崎 享
発行者　竹村正治
発行所　株式会社かもがわ出版
〒 602-8119　京都市上京区堀川通出水西入
TEL075-432-2868　FAX075-432-2869
振替 01010-5-12436
ホームページ http://www.kamogawa.co.jp
製作　新日本プロセス株式会社
印刷　シナノ書籍印刷株式会社

ISBN978-4-7803-1022-1　C0031